轻运动

简单到不可能失败的健身指南

[挪]斯坦·莫滕·利尔
[丹]拉瑟·拉森　著　赵蓓　译

中国水利水电出版社
www.waterpub.com.cn
·北京·

内 容 提 要

人们的生活因科技发展变得越来越便利时，我们的身体也因越来越疏于运动而产生亚健康问题甚至各类疾病。本书提倡人们合理利用科技产品，采取更健康的方式生活。作者在书中不仅给出合理的饮食建议、面对压力的方法，而且对身体不同部位在不同状态下的锻炼给出针对性建议。全书图文结合，清晰地展示了运动时每个动作的要领，简单易操作，是快节奏生活下现代人保持健康的必备方法。

图书在版编目（CIP）数据

轻运动 : 简单到不可能失败的健身指南 / (挪) 斯坦•莫滕•利尔, (丹) 拉瑟•拉森著 ; 赵蓓译. -- 北京 : 中国水利水电出版社, 2021.11
书名原文: JUST MOVE
ISBN 978-7-5226-0135-9

Ⅰ. ①轻… Ⅱ. ①斯… ②拉… ③赵… Ⅲ. ①健身运动—指南 Ⅳ. ①G833-62

中国版本图书馆CIP数据核字(2021)第209419号

北京市版权局著作权合同登记号：01-2021-5547

书　　名	轻运动：简单到不可能失败的健身指南 QINGYUNDONG: JIANDAN DAO BUKENENG SHIBAI DE JIANSHEN ZHINAN
作　　者	［挪］斯坦·莫滕·利尔 ［丹］拉瑟·拉森 著　赵蓓 译
出版发行	中国水利水电出版社 （北京市海淀区玉渊潭南路1号D座　100038） 网址：www.waterpub.com.cn E-mail：sales@waterpub.com.cn 电话：（010）68367658（营销中心）
经　　售	北京科水图书销售中心（零售） 电话：（010）88383994、63202643、68545874 全国各地新华书店和相关出版物销售网点
排　　版	北京水利万物传媒有限公司
印　　刷	朗翔印刷（天津）有限公司
规　　格	170mm×240mm　16开本　17印张　215千字
版　　次	2021年11月第1版　2021年11月第1次印刷
定　　价	68.00元

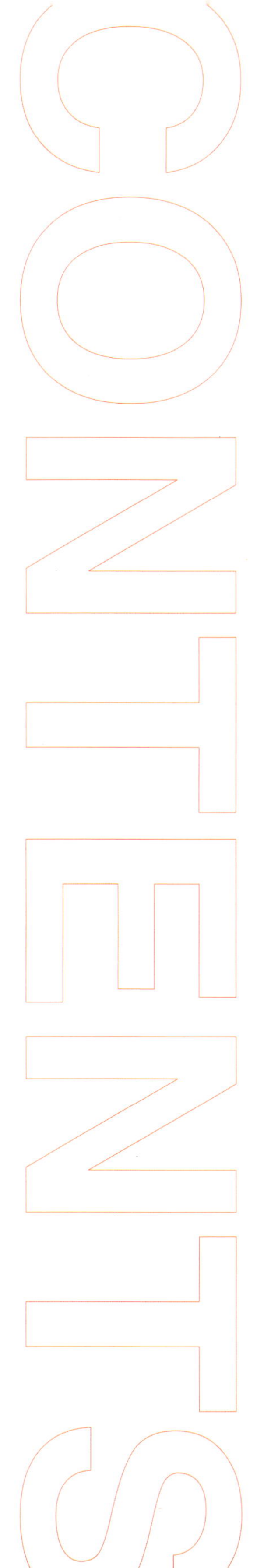

目录

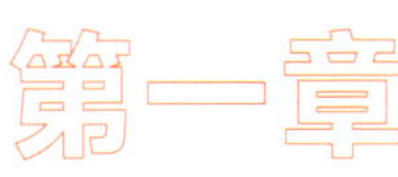

第一章 换一种生活方式，开启健康人生

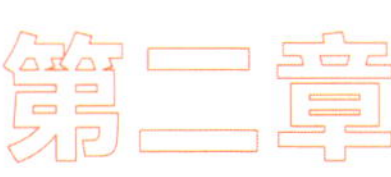

第二章 缺乏运动的时代，你不是个例

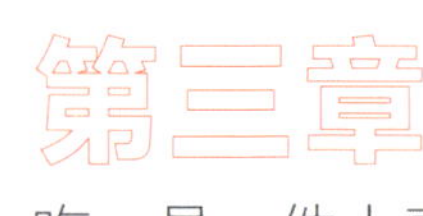

第三章 吃，是一件大事

第四章 行动起来，才能锻炼出健康灵活的身体

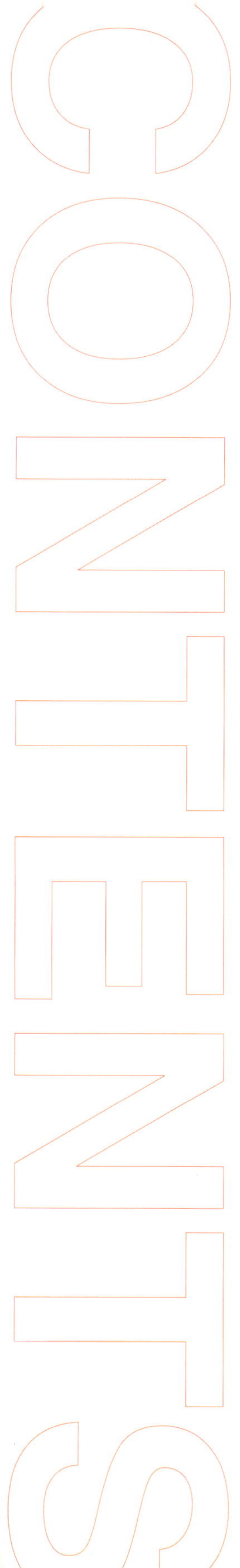

第五章

身体里看不见的敌人——压力

第六章

疼痛的真相

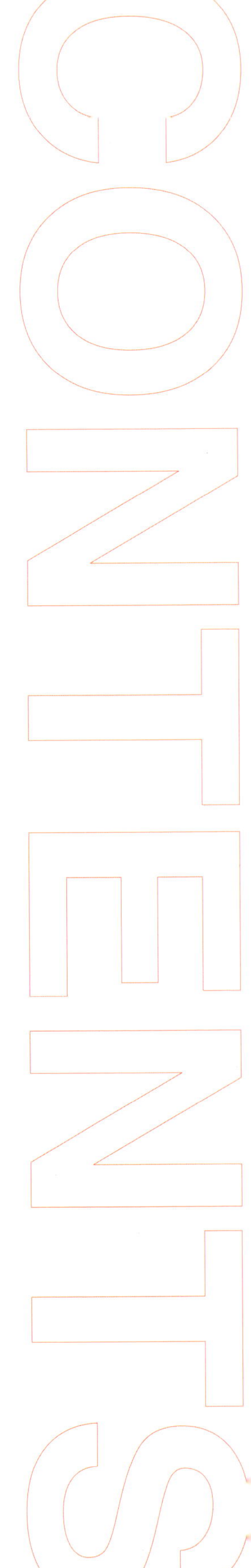

压根儿没有“不能运动”这回事

孩子的健康，同样需要更多关注

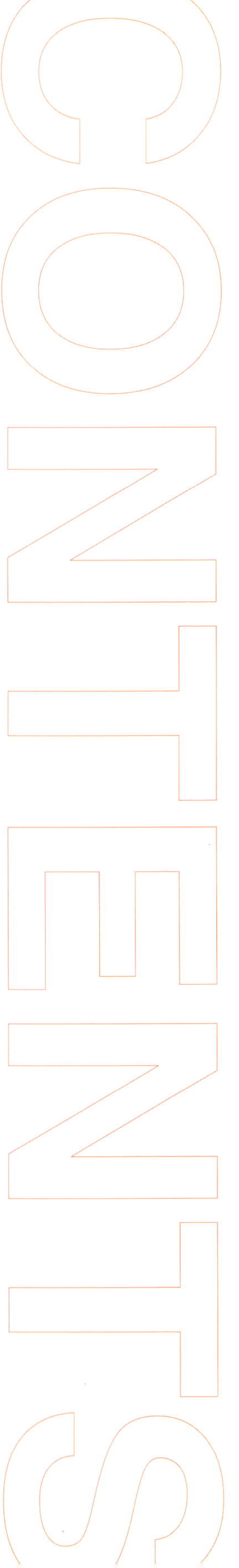

第九章

你必须知道的事实

第十章

内心的声音并不总是可靠

尾声

第一章

换一种生活方式，开启健康人生

01 / 从身体开始清点自己的祝福

在《剑桥词典》中，“count your blessings”（清点你的祝福）被解释为：对生活所有的一切心存感激，让情绪免遭坏事的影响。在我看来，我们应该先对自己的身体有感恩之心，因为与生俱来的一切都是如此美妙。我们的身体是世上最卓越的机器，它几乎可以完成任何挑战。

也许你并不认同，你可能对自己的身体不满意，认为自己的体型不够完美，偶尔某些身体部位还会感觉不适。你也不喜欢从镜子里看到的自己，或者当你进行挑战性运动时，会感到力不从心。事实上，并非只有你一个人这样，很多人都以自己的身体为某种“桎梏”。这不免让人觉得惋惜，因为，你本来拥有的是一台几乎可以适应任何状况的机器。

事实上，身体对我们而言是一把双刃剑，它既能帮助我们完成各项任务，同时也可能给我们带来伤害。如果我们经常锻炼身体并不断挑战它，它就会适应这些挑战，变得越来越健康、强壮。相反，如果我们长期不锻炼，它就会逐渐适应缺乏运动的状态，从而变得越来越脆弱。“锻炼它，否则会失去它”——这是一条我们每个人都必须牢记的忠告。

社会发展节奏越来越快，人心也开始变得浮躁，这个时候格外有必要给我们的生活排一个先后顺序，免得随波逐流。可悲的是，大多数人在“清点自己的祝福”时，总是将其他东西排在第一位，比如一份薪水优厚的工作、一辆豪华汽车、一栋大房子、巨额存款……扪心自问，一旦你的健康受损，你的身体机能开始衰退，这些身外之物又有什么价值呢？它们与你的健康相比，毫无意义！

如果说最重要的是身体健康，那么排在第二位的应该是我们的家人和朋友。这样问题又来了，为了享受与家人、朋友一起共度的美好时光，我们不需要拥有健康的身体吗？如果你的健康状况很差甚至重病缠身，连日常活动都无法保证，又怎么可能有精力与家人、朋友共度美好时光呢？

请大家稍微花点儿时间，坦诚地回答以下几个问题：你在生活中最重视的是什么？对你而言，身体的健康状况是否非常重要？你关注自己的身体状况吗？你的饮食是否健康？睡眠是否充足？你经常运动吗？你觉得自己的身体状态好吗？你心情愉快吗？工作之余，你还有精力做些自己感兴趣的事吗？还是最喜欢窝在沙发里？你认为运动是积极的、必要的吗？还是不喜欢甚至讨厌运动？

也许你之前并没有关心过这方面的问题，因此我在这里安排了一个小小的测试，以帮助你更加全面地了解自己的身体状况，请不要跳过这个环节！因为在你开始锻炼之前，你必须了解如何运用博格评分表来衡量自感劳累程度，这是一种定量测量人们运动时的自感劳累程度的方法，通过6 ~ 20分渐进描述身体的疲劳程度。

运动时自感劳累程度（博格）评分表

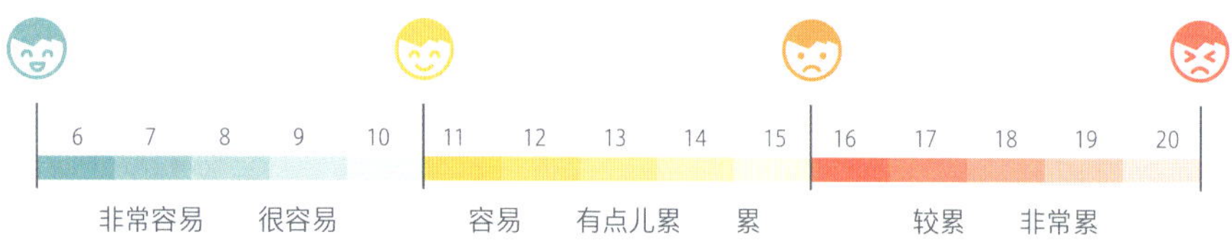

由于疼痛是一种主观感受，所以我们使用疼痛测量表对它进行测量，这能帮助我们了解疼痛的程度并及时调整身体状态。我们将疼痛的等级分为1～10级（10级是最难忍受的疼痛），当你感受到5级以上的疼痛时，就必须停止锻炼和运动。如果你开始感到疼痛，身体应该在运动停止后24小时之内缓解并恢复到基准水平。如果不能，则说明你运动过量了，需要调整运动负荷和运动强度。

以下是疼痛等级划分的方法：

疼痛级别评分表

现在，我们可以从日常的锻炼开始！

1. 找一段楼梯上两三层楼

记录下你在上去之后的所有感受：你的呼吸怎么样？你的腿感觉不适吗……然后，请使用博格评分表进行评分。

2. 试着进行单腿站立和单腿提举

动作要领：单腿站立，让站立腿的膝盖保持微弯。臀部发力，抬起非站立腿，保持身体平衡，进行腿部提举，手臂下垂，与地面垂直，然后回到直立位置。

分别用右脚和左脚完成上述动作。对你而言，这个动作是容易还是困难呢？你能闭上眼睛完成吗？将结果记录下来，并按照下列标准为自己的完成情况进行评分：

- 完全没有问题。
- 稍有困难。
- 有一定难度。
- 非常困难。
- 无法完成。

3. 重新回到楼梯上，用双脚跳上阶梯

这个动作对你来说是容易还是困难呢？你感到害怕吗？你能跳两级甚至三级吗？将结果记录下来，并根据博格评级表进行评分。

4. 从地上捡东西，例如衣服、杂物或者抱起孩子

对你而言，这些动作是容易还是困难呢？你感到腰痛或者不舒服吗？你的膝盖感觉如何？记录下你的感受，并运用疼痛测量表测量你的疼痛级别。

通读你记录下的内容，你对测试结果满意吗？你感觉自己的身体状况如何？你的身体有改进的余地吗？还是感到身体状况非常好？

我小时候非常喜欢踢足球和跑步，把大部分的闲暇时间都花在足球场和操场上。此外，我还喜爱爬树，常常在家附近的树林里玩耍。父亲不止一次地因为我从树上摔下来，或是踢足球、跑步受伤而不得不带我去医院。后来我又爱上了吹小号，甚至为此几乎中断了所有的攀爬、跑步和足球运动。16岁那年，我每天奔走在6个不同的乐队里吹小号。虽然有段时间也练习举重，但我只坚持了6个月。从那以后，吹小号成为我唯一的爱好。

18岁时，学校举行了一场体育比赛，我一直认为跑步是自己的强项，所以报名参加了，但结果却非常惨烈。直到30多年后的今天，我仍然记得当时的感受：比赛结果非常糟糕，我的腿剧痛，肺也火辣辣地疼痛。我意识到自己的身体和以前相比退步了很多，甚至觉得自己的身体垮了。这些感受是如此可怕。想一想，自己两年多没有进行任何体育锻炼和运动了，尽管当时我年龄还小，但身体已经逐渐适应了懒散的生活方式。我意识到自己不能再这样下去，因而重新拾起了运动的习惯，开始锻炼，并一直坚持到现在！

每次回忆起这段经历，我就非常庆幸自己及时意识到了这一点，并为此做出了改变。

如今我52岁了，仍然会尽可能地花时间跑步和攀登。我非常享受运动带来的快乐和充满活力的生活，毫不夸张地说，我现在的身体状态和十几岁的时候相差无几。其实这并没有什么秘诀，只有关于合理运动的知识和经验。经过这几十年的锻炼，我知道了如何保持健康的体魄，也非常愿意和大家分享，期待大家都能像我一样健康、快乐，这就是本书的目的。我相信，如果我们了解自己的身体并据此合理安排生活，就一定可以活得更加幸福美好。

或许，我们还能够通过这样的努力减缓全球变暖和气候变化呢！据科学家称，10亿人口中的一小部分人，每年能够减少10亿吨粮食生产和运输带来的气体排放，从而缓解全球变暖。也就是说，气体排放与BMI（Body Mass Index，即体重指数）之间是存在相关性的。人们保持健康的体重和体型是预防全球气候变化的重要措施之一，运动不仅对个人有益，对整个地球也是有益的。

02 / 如何知道自己的健康水平

也许我本应该早些告诉你这一点，但即使晚知道也比不知道好。下面我所要讲的你可能很难接受，但千万别灰心。相反，请以此为动力，挥洒你的汗水，积极锻炼身体。

人体的供氧能力是体格是否健康的重要指标之一。跑步、游泳，以及其他的体力运动都需要大量氧气。它对人体具有很大的影响。午饭之后或下班回家时感到筋疲力尽，往往就是氧气摄入量太低造成的。

你的身体需要氧气，这一点显而易见。体内有许多机能都需要将氧气输送到细胞中才能实现。心脏要跳动，肺要从呼吸的空气中吸收氧气并把它输送到血液之中，血液需要含有足够的铁来输送氧气，而你的肌肉细胞需要从血液中吸取氧气。请相信我，你的肌肉细胞会对氧气的摄入量产生巨大影响。如果上述某个机能无法正常工作，你的生活和工作将会受到极大影响，就连陪孩子玩耍这样的事都做不了，常年生活在疾病的困扰之中。

有一个专业术语——最大摄氧量，它是指每千克体重每分钟所能吸收的氧气量。例如你的最大摄氧量为30毫升，体重为70千克，那就意味着你每分钟最多可以摄入2.1升的氧气。这是你的极限，但这个数字不太好。因为如果你的最大摄氧量低于30毫升，那么在结束一天的工作时你一定会感到非常疲惫。

如果将你的身体比作一辆汽车，那么一旦发动机内缺乏足够的空气与燃料混合，它将无法正常工作。也就是说，仅仅有燃料是不够的，车和人一样，不仅需要足够的燃料（食物），还需要足够的氧气。

摄氧量对人类的各项机能至关重要。无论是工作还是居家，你必须有足够的精力来从事各项活动。只有一周进行几次体育锻炼才能提高摄氧量，跑步、骑车或游泳都可以，必须让你的心跳和呼吸加快，这对身体机能的正常运转，以及提高生活品质都至关重要。

我将人体比喻成汽车其实并不是非常贴切。因为汽车即使几个月不开，也能正常运转，而身体却不同，人体的构造要复杂得多。人的大脑总是想方设法节省能量，它真的很懒。

在古代，食物总是短缺，节省能量是一个极好的生存策略。肌肉即使是在休息，也会消耗大量的能量，因此，如果你不使用你的肌肉，大脑就会对身体发出指令，让大部分肌肉群萎缩以节省能量。要么使用它，要么失去它。因此，你不可能将身体像汽车一样“停”几个星期或几个月，并期待它等到“冬眠”结束还能像之前一样强壮。

你必须经常使用你的身体和肌肉来保持健康，这表明体育运动和吃饭、睡觉一样自然和必要。你不能排斥这些基本的生存活动，否则，你可能没有足够的精力过充实的生活，甚至因此疾病缠身。

请试着采用库珀测试来测量你的最大摄氧量和健康水平：

◆在进行整个测试之前，请先进行 5 分钟的步行热身以避免受伤。

◆然后跑步、步行或者两者交替进行 12 分钟，看看你能走多远。

◆基于这个距离以及你的年龄和性别，得出测试结果。

◆根据上述结果，测量出你的最大摄氧量。

◆使用跑步机或应用程序进行跟踪测试。

◆测试完成后，使用以下公式计算出你的最大摄氧量。

$$VO_2Max=(Distance-504.9)/44.73$$

不同年龄最大摄氧量对照标准

	年龄	低值	一般	平均	良好	高值	健壮	精英
男性	20—29	<38	39—43	44—51	52—56	57—62	63—69	70+
	30—39	<34	35—39	40—47	48—51	52—57	58—64	65+
	40—49	<30	31—35	36—43	44—47	48—53	54—60	61+
	50—59	<25	26—31	32—39	40—43	44—48	49—55	56+
	60—69	<21	22—26	27—35	35—39	40—44	45—49	50+
	70+	<17	18—21	22—30	31—34	35—39	40—44	45+

	年龄	低值	一般	平均	良好	高值	健壮	精英
女性	20—29	<28	29—34	35—43	44—48	49—53	54—59	60+
	30—39	<27	28—33	34—41	42—47	48—52	53—58	59+
	40—49	<25	26—31	32—40	41—45	46—50	51—56	57+
	50—65	<21	22—28	29—36	37—41	42—45	46—49	50+
	60+	<18	19—24	25—32	33—37	38—41	42—46	47+

为了测量你的体力和对日常活动的适应能力，请先依次完成下列五组动作，然后重复两遍。如果你已经有一段时间没有运动了，可以先做一遍，过几周后重复第二遍，再过几周之后重复第三遍。

为了完成这项测试，你需要准备下列器械：哑铃（女性4公斤，男性6公斤）、健身球（女性4公斤，男性6公斤）。

请完成下列练习。

练习1：跪姿俯卧撑

将膝盖放在垫子上，双手与肩同宽，撑于地面，慢慢地俯身向下，然后将身体撑起，回到起始位置。重复6次。

❶

❷

练习2：蹲起

双脚分开，与髋同宽站立，从站姿缓慢地变换到仰卧的姿势，然后回到起始位置。重复5次。

❶

❷

练习 3：站立对角线伸展

双脚分开，与髋同宽站立，双手将一个中等重量的健身球举到胸部同高。开始练习时，将球举到右耳或左耳位置，然后下放到另一只脚踝外侧，再向后仰。在这个过程中，保持背部挺直，臀部发力旋转，每侧重复5次。

❶

❷

练习4：健身球下蹲与举起

双脚分开，与髋同宽，然后下蹲仿佛自己坐在椅子上，并将健身球从胸部位置下放到地面，注意保持头部挺直向上和背部挺直。然后回到起始位置，并将健身球举过头顶。重复5次。

练习5：单臂哑铃推举

双脚分开，与髋同宽站立，然后用右手或左手将哑铃从肩膀向下放于两腿之间的地板上，同时将臂部向后推并保持背部挺直。当哑铃落地后，将其推举到起始位置。每只手重复5次。

如果你能够重复完成3遍上述动作（大概在5分钟之内完成），那么你就达到了平均健康水平。

03 / 人们生活方式的改变正成为健康的威胁

大约6000多年前，农业革命在美索不达米亚平原展开。200多年前，工业革命和人文思想的发展为我们今天的财富奠定了基础。新思想和新技术使人类文明得到了前所未有的飞速发展，但文明进步是有代价的，它正悄悄地改变着我们的生活方式，威胁着我们的健康。

孩子是人类的未来，我们必须为他们的健康着想。同样，如果想看着儿女们茁壮成长，我们就必须让自己拥有健康的体魄，才能安享天伦之乐。

但可悲的事实是，现如今计算机和人工智能越来越强大。这些给我们的生活带来便利的同时，也使我们越来越疏于使用自己的身体，以致变得脆弱。虽然我们竭尽所能地想要战胜疾病，让生活更加美好，但事实是，如果我们继续过分依赖科技带来的便利，懒于运动，终究无法摆脱疾病的缠磨。懒惰者将被淘汰，只有坚持体育锻炼的人才能成为幸存者。

我在一次去北京的旅行中认识了一位周先生，他就是现代都市群体中的一个典型代表。他是一名25岁的上班族，家住北京郊区。他的一天通常是这样度过的：

清晨，周先生在他的智能手表的振动中醒来。这块表跟踪记录他每天的睡眠情况，同时还是一个记录他日常走路步数的计步器。由于前一晚睡得不好，此刻他感到非常疲倦。他的睡眠跟踪器可靠地记录了这个情况。他昨晚本打算早点儿睡觉，结果却在床上看电视看到了深夜。他从床上起来，一边慢腾腾地走到浴室，一边查看电子邮件，因为老板凌晨4:30发来一封邮件。他很生气，给部门同事发了一条短信："你知道老板今天早上几点发了邮件吗？真过分。"

现在是早饭时间。周先生吃着一碗米粉，喝了一口能量饮料，将食物咽了下去。他浏览了一下夜间错过的网络社交圈。

上午8:30，周先生到达办公室。他查看了一下智能手表记录的数据，将今天的步数与平均值做了一下对比。他每天上班路上平均走3000步，而今天比平均值多出了150步。这很不错。他拿出笔记本电脑，开始工作。

中午，他起身乘电梯去自助餐厅吃午饭。然后，他又回到椅子上盯着屏幕看了四个小时。

下班之后，他先搭乘地铁，然后用便携式电动平衡车回到郊区。他在手机App上点了外卖晚餐，收起平衡车回到自己的公寓。吃完外卖晚餐，周先生开始躺在沙发上看电影，同时在智能手机上享受着网络社交。晚上11:30，他握着手机睡着了。半夜他被手机吵醒，手机上的铃声和灯光显示手机电量不足。

周先生的一天就是当今人们日常生活的缩影。他在日常生活中使用着各种现代工具和技术，有一份寻常的工作。他的工作和生活高度依赖于电脑和现代运输工具。

在过去几十年里，世界发生了巨大的变化，但并非都往好的方向改变。不仅成人的生活方式被科技进步改变了，孩子的生活方式也在发生着明显的改变。随着电脑取代户外活动，孩子们变得越来越柔弱。不知你是否如我一样对此非常忧虑。其实这并非新鲜话题，千百年来曾无数次被提起。

公元前400年，苏格拉底曾经说过："现在的年轻人崇尚奢靡之风，不服从权威，不尊重老人，应该努力工作的时候却夸夸其谈，违抗父母、蔑视师长。"

虽然现在的孩子们可能不像当时那样蔑视师长、违抗父母，但不可否认的是，他们的确酷爱科技产品，并且将本应用于户外活动的时间消耗在智能手机和电脑上。这并不意味着他们变懒了，而是他们比以前的几代人更乐于接受现代科技，并将其完全融入了他们的生活。他们更倾向于在网络世界中娱乐。

当我还是个孩子的时候，智能手机还没出现，甚至连移动电话都没有。家里虽然有固定电话，但我们很少使用，因为我们更习惯于跟朋友们面对面交谈。我们跑到朋友家门口去敲门，问他们是否愿意出去玩。这就是我们的交往方式，我们从中学会与人交往的技能，同时，个性得到了发展。我们扮演牛仔或者印第安人，玩捉迷藏、爬树或者骑自行车，直到父母叫我们回家。没有人成天逼着我们出去活动，相反，我们总是被警告要早点儿回家。现在的孩子究竟是怎么了？

从某种程度上来说，是互联网劫持了我们的孩子，将他们变成了"洞穴人"。如今你很少看到孩子们在街上玩耍，他们正忙着在虚拟世界中探索，或者在网上晒自己的自拍照。当你观察年轻人如何不断地自拍，又与小伙伴们分享以得到他们的“点赞”时，你就会明白体育运动为什么会被取代了。如果他们待在家里就可以拍出“完美”的自拍照，得到更多的“点赞”，怎么还会愿意花时间让自己汗流浃背地锻炼，或者跑去外面活动让自己辛苦劳累呢？

在过去的几年中，人们的生活方式悄无声息地发生了改变。Facebook、Instagram、SnapChat、QQ、微信等众多社交网络改变了当今世界的交流方式。它们或多或少地占据了我们的生活，尤其是孩子们的生活。

年轻人与小伙伴们在彼此的“洞穴”中就可以相互交流，不再需要运动技能。人们躺在家里就可以发短信、聊天、发帖子或者对别人的帖子点赞。苹果公司开发的FaceTime让你与朋友不需要真正地见面，就能一起共度时光。即使年轻人在咖啡馆里聚会，他们也是各自埋头玩手机，全程很少有语言交流，而是彼此发着消息。在他们看来，智能手机显然比人有趣得多。

我记得不久前，也许是去年夏天，一天中午我去一家咖啡馆写作。我经常如此，我喜欢这种工作方式，周围的人不会打搅到我。当时学校显然已经放学了，一群十一二岁的孩子拥了进来。他们点了咖啡和饮料，然后所有人都在埋头玩手机，行动举止看起来就像一群四十多岁的成年人。

其实，这个年纪的孩子应该去踢足球、骑自行车、爬树。他们大部分时间都在教室里坐着，为什么不觉得需要消耗精力和锻炼身体呢？这让我感到非常难过。

自在地玩耍对孩子们的健康和成长至关重要。如果玩耍的机会被剥夺，谁也无法预料会导致什么样的后果。至少，他们会失去一些珍贵的东西。

几年前，我曾做过免费的儿童柔道教练，有一天晚上发生的事情让我记忆犹新。这是一个新班级，孩子们六七岁。课上到一半，有个孩子走到我面前向我请假回家，说他感觉很热，可能是发烧了。据我判断，当时的他根本没有生病，只是因柔道训练而大汗淋漓，感觉很热。因为之前他从未进行过足够的体育运动，很少会感到全身发热，因此这一次才误以为自己生病了。这是一个七岁的孩子！

你不需要成为一名专业的运动人士，但我们的身体得不到锻炼就会变得越来越弱，这是发生在我们的孩子身上的情况。他们很可能是有史以来最柔弱的一代。

人体需要大量的体力活动才能正常运转，长期懒散的生活方式会导致疾病。

本书可以帮助你成为拥有不同生活方式的人，找到一条健康的道路。因此，请继续读下去，按照里面所讲的内容去做。我亲爱的朋友们，你会有所收获，如愿以偿地展开更加美好幸福的生活。接下来，我将为你提供一些简单的锻炼方法。在你继续阅读本书后面的内容之前，请先尝试每天做下面的练习。

练习1：活动脚踝

交替双脚完成以下三个动作，重复10次。

1. 脚踝上下活动

❶

❷

2. 脚踝内外旋转

❶

❷

3. 脚踝左右旋转

❶

❷

❸

练习 2： 弯腰旋转，拉伸大腿后侧

跨出右脚（或左脚），注意保持背部直立。在运动中，前脚的膝盖保持伸展。如果你感觉到大腿后侧肌肉有拉伸感，就说明这个动作做到位了。

交替双脚完成下列动作，各重复10次。

1. 向右旋转，然后回到起始位置

❶

❷

2. 向左旋转，然后回到起始位置

练习 3： 转动臀部

跨出左脚（或右脚），保持背部直立。注意保持上身挺直，臀部向前推，感觉大腿前部有轻微拉伸，然后从外到内缓慢旋转臀部。每只脚重复10次。

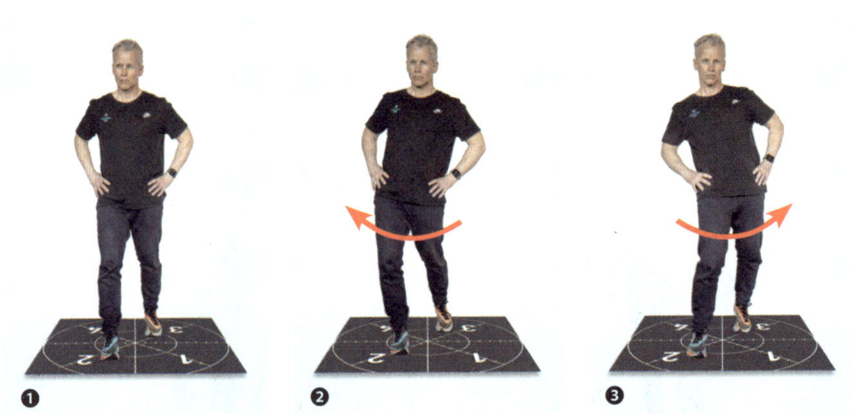

练习4：手臂运动

双脚分开，与髋同宽站立。注意保持背部挺直，让脊柱和臀部随着手臂自然移动。完成以下三个动作，每个动作重复10次。

1. 前后交替摆动手臂

❶

❷

2. 横向交替摆动手臂

❶

❷

3. 交替摆动手臂，加上旋转动作

04 / 过量的食物和缺乏锻炼让各类疾病找上门

超重及肥胖以前主要在发达国家流行，发展中国家随着经济社会条件的改善，高脂膳食和静坐生活方式逐渐盛行，超重和肥胖也已成为重要的健康问题。过去20年间，发展中国家的肥胖患病率上升了很多。不仅是成人，儿童和青少年的超重及肥胖患病率也在不断上升。由于儿童和青少年的肥胖问题会一直持续到成年，且该问题已被证明会增加人们患糖尿病、心血管疾病、癌症和过早死亡的风险，这给国民的健康带来了严峻的挑战。

BMI是一种简单的衡量人体是否超重的指标，不过它没有考虑到人体的肌肉率。如果你经常从事体力训练或者扛重物，肌肉非常发达，那么根据BMI指标，很有可能显示超重。因此，测量腰围也很重要。现在我们就来测试一下。

BMI的测量公式为：

体重指数（BMI）=体重（公斤）÷ 身高^2（米）

中国人BMI推荐标准：

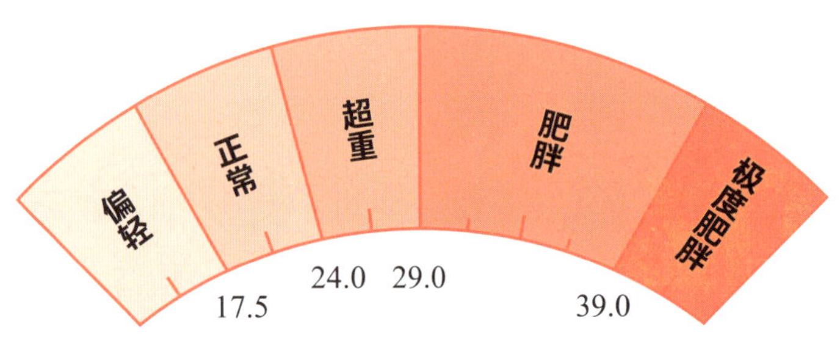

请按以下方法测量腰围：

◆ 将卷尺从髋骨位置开始围绕身体一周，尺与肚脐平行。

◆ 拉直卷尺，但不要太紧。测量时请不要屏气，保持正常呼吸。

◆ 呼气时读出卷尺的刻度。

中国人推荐腰围标准：

◆ 男性<85 厘米；女性<80 厘米。

你对自己的测试结果满意吗？

我有一个儿子和一个女儿，他们的年龄只差18个月，现在他们已经长大成人了。还记得他们刚出生的那几年，我总是特别疲惫，长期照顾一双儿女是非常辛苦的工作。而其中带给我最大的困扰就是严重缺乏睡眠（两年多的时间里，儿子每天早上5点醒来），那种痛苦到现在我仍然记忆犹新。缺乏睡眠以及巨大的压力让我过量进食，而且吃的通常不是什么健康的食物，同时又缺乏运动。这给我的健康带来了严重的影响，尽管当时我还很年轻，但体重已明显增加。不断增加的体重和腰围给我深深的挫败感，你能相信吗？当时我甚至考虑去抽脂，企图通过这一捷径变瘦。但很高兴，自己最终恢复了理智，因为我意识到保持健康并没有捷径，只有通过不断的努力和坚持，才能改变自己的生活方式。从那以后，我开始早睡，保证充足的睡眠，每天早上坚持运动；仔细研究饮食，选择更健康的食物。6个月后，之前无法摆脱的多余体重真的消失了，而且再也没有回来。我告诉自己，必须坚持正确的运动、健康的饮食和保证充足的睡眠，这也许听上去像某种宣传口号，但事实就是这样，它改变了我以及我的生活。如果你了解自己的身体，以及知晓如何让它保持良好的状态，那你也可以改变自己的生活方式，变得更加健康。

健康的生活方式还能帮助我们远离糖尿病、高血压等一系列健康问题。或许你觉得这些离你很远，然而，我们不得不面对全球患者的数量正在显著增加的问题。与1980年相比，如今患糖尿病的成年人的数量几乎翻了一番。高血压患者的增长趋势也差不多，从1980年到2019年，全球25岁及以上的高血压患者从6亿人增加到现在的10亿人以上。由于高血压在早期没有明显的症状，因此很多人没有得到及时的诊断和治疗。而且即便经过诊断，由于各种原因，也可能得不到及时的治疗，或者无法长期地对血压进行有效控制。可怕的是，高血压还可能导致心脏病、中风、癌症、肾功能衰竭，以及过早死亡或残疾。

正常成人的健康血压为收缩压120毫米汞柱，舒张压80毫米汞柱。许多高血压患者没有任何症状，它就像一名无声的杀手一样威胁着我们的健康。对每个人来说，及时掌握血压状态是非常重要的。因此，建议大家至少每年测量一次，早早发现后，适当的治疗和有效控制对高血压患者的健康起着非常重要的作用，同时还能节省许多治疗费用。另外，不健康的饮食、酗酒、缺乏运动和吸烟等都是主要的致病因素，改善这些行为能够有效地预防高血压。如果我们对上述不利于健康的行为不采取任何措施，将大大增加包括高血压在内的许多心血管疾病的发病率。

现如今，缺乏运动以及不健康的饮食已经成为人类健康的威胁，因为与以往任何时候相比，人们面临更大的患II型糖尿病、高血压、心血管疾病、脂肪肝、胆结石以及癌症的风险，而缺乏运动和懒散的生活方式就是导致这些疾病的最大诱因。

非常遗憾地说，有时候，经济的增长和财富的聚集并非一件好事。在仅仅一代人的时间里，世界（尤其是西方国家）发生了翻天覆地的变化，东方（尤其是中国）也将面临同样的局面。随着经济的快速发展，越来越多的人不再需要耗费体力去劳作而获得食物，通过在办公室久坐的工作方式也可以得到薪水，因而也容易无节制地吃过量的食物。同时，越来越多的人从财富“馅儿饼”中获益，用于准备食物和锻炼的时间就变得越来越少。他们以快餐为生，外出活动的机会也很少。这就是为什么从1990年中国的第一家麦当劳餐厅开业以来，到目前为止全国已经拥有超过3500家门店。快餐消费的增长速度明显高过预期。朋友们，这并非是个好兆头。

05 / 你可能不知道的锻炼的益处

我知道你忙于工作、身心疲惫，你还有孩子，很难管教。你有许多事情要做，没有足够的时间，而且运动也不是你现在的首要任务。然而，这些都是借口。

你应当将体育锻炼放在首位，这关乎你自己的身体健康。那些借口和懒惰的生活方式只会让你远离健康，而如果你失去了健康，就算拥有世界上所有的财富也没用。因为失去了健康，就意味着失去了一切。为了帮助你开始行动，我将以下内容放在本书第一章之中，即使你再忙，没时间，也请你认真阅读下面几段文字。

1. 锻炼能够改善情绪

运动可以刺激内啡肽的分泌。内啡肽是大脑分泌的一种化学物质，能够让人感到快乐和放松。

2. 锻炼可以降低许多疾病的患病率

据可靠证据显示，有规律的体育锻炼对于多种慢性疾病的一级和二级预防有着显著效果（如心血管疾病、糖尿病、癌症、高血压、肥胖、抑郁和骨质疏松症等），同时还能延年益寿。

3. 锻炼可以控制体重

正确的饮食和有规律的锻炼可以帮助你维持健康的体重。

4. 锻炼可以保持关节和骨骼健康

适量运动可以让你在年老时维持健康的骨量。力量训练是治疗骨质疏松的有效方法之一，因为骨骼是多孔而脆弱的，随着年龄的增长，尤其是在缺乏适当锻炼的情况下，骨质很容易变得疏松而脆弱。

5. 锻炼能够提升体力

有规律的体育运动可以增加肌肉强度，提高耐力。适当运动可以为身体各个组织器官提供充足的氧气和营养物质，帮助你的心血管系统更有效地工作。心肺功能提高了，你将有更多的精力处理各种日常事务。

6. 锻炼有助于大脑、心脏和肺部健康

运动可以使呼吸顺畅，降低心率和血压，改善身体其他器官的功能，大脑机能也能得到提高。运动能够帮助氧气流向大脑，还有助于人体释放激素，帮助脑细胞生长。大脑得到了充足的氧气，也能帮助你完成日常的工作。此外，运动还有助于提高大脑的学习能力和记忆力。当你开始锻炼时，你立刻就会感觉更好，因为你所有的身体机能都得到了提升。爬楼梯不会气喘了，心率和血压下降了，这些都大大降低了患多种疾病的风险，让你体力充沛。

7. 体育锻炼可以提升你的生活质量

许多人都在努力追求幸福和积极的生活方式，而运动可以帮助你实现这一目标，以健康的身体来经营高质量的生活。

那么，你还在等什么呢？现在，你一定认为锻炼身体很好。其实大多数人都知道这一点，虽然他们可能并不知道上面所列举的这一切。从某种角度来看，人们的内心深处都知道锻炼的重要性，因为这是与生俱来的观念。

生命在于运动，而非静止。要想幸福，需要进行体育运动，这是为数不多的能带来持久能量和幸福感的事情之一。买一辆车或者新衣服，可能会让你在短时间内感觉良好，但很快就会过去。因为一辆车或一件新衣服不可能帮助你面对生活中的各种挑战，让你的体格和心智同时得到锻炼。而体育锻炼会让你对自己充满自信，使你的身体和心灵都变得更加强壮。

现在让我们开始吧，越早离开沙发越好！让我们在接下来的两周里试试下列简单的运动模式：

第一周	
第一天	下午5点外出散步
第二天	放弃乘坐电梯，改走楼梯
第三天	下午5点外出散步
第四天	在一整天忙碌的工作中休息三次，散步5分钟
第五天	放一些喜欢的音乐，伴随音乐跳舞10~15分钟
第六天	外出散步一小时
第七天	试着做一些不同的运动，骑自行车、游泳等等

第二周	
第一天	下午5点外出散步
第二天	爬楼梯，并试着跑上去
第三天	下午5点去户外跑步，试着挑战自己，直到感觉呼吸加重
第四天	工作间隙休息三次，并做些运动
第五天	放一些音乐，并做一些跳跃运动
第六天	散步或者跑步一小时
第七天	做一些让自己流汗的运动

第二周的运动可能一开始会让你很难接受，但千万不要灰心。相反，请以此为动力，让自己经常大汗淋漓、大口喘气。

第二章

CHAPTER 02

缺乏运动的时代，你不是个例

01 / 使用电视和手机不当带来的恶果

电视节目会为你带来什么?《查理和巧克力工厂》这部电影告诉我们，看太多的电视会引起许多健康问题。这些健康问题还与许多其他的电子设备有关，比如智能手机和平板电脑。不需要大量的研究我们也知道：整天盯着屏幕对身体不好，特别容易引发颈部和背部的疼痛。

发现问题相对来说还是比较容易的，但要找出好的解决办法就困难多了。总有人告诉你别再做那些会引发健康问题的事情，虽然这些建议听起来很有帮助，但大家都知道，单凭这些建议很难让人们彻底改变。那么，就让我们转变一下思路，与其告诉人们“别做什么”，不如直接告诉人们“应该怎么做”。

我们需要知道颈部以及整个颈椎区域非常神奇，它可以在许多方向上进行弯曲、伸展和旋转。很多人一直以为颈部是非常脆弱的部位，但世界上有些地方的人却能在头上顶着沉重的水罐行走——听起来颈部一点都不脆弱。事实上，即使什么也不顶，仅是5千克重的头部，成天承受它的重量也并非一件轻松的事。因此，我们不得不承认，颈部远比人们想象中强壮。

但相对于身体的其他部位，颈部的确经常给我们带来痛苦。缓解颈部疼痛既简单又省钱的方法，就是经常转动你的脖子和身体的其他部位。运动是最好的“护肤品”，也是可以经常服用的“良药”。当你的脖子开始疼的时候，你就应该活动活动它，最好是在它不舒服之前赶紧起来动一动脖子。你的脖子与头部、躯干、手臂甚至腿部的运动都是相关的，所以散步、转动手臂或朝不同的方向看都可以缓解颈部疼痛。

以下是一些治疗颈椎问题的小练习。

练习1：摆臂运动

两腿分开与髋同宽站立，右臂（或左臂）向前伸直，手可以扶在墙上或拿一根棍子。保持后背挺直，脊柱和臀部自然地随着手臂摆动，拇指保持向上。

完成以下三个动作，每个组合重复10次。

1. 前后摆臂

❶

❷

2. 左右摆臂

3. 旋转摆臂

练习 2： 交替旋转摆腿

两臂向前伸直与髋同宽，双手可以伏在墙上或各持一根棍子站立。然后将右脚（或左脚）抬离地面，做摆腿的动作。在整个练习过程中，一定要保持身体直立、背部挺直，脊椎和臀部随腿部自然摆动。

左右腿交替完成旋转摆腿动作，每条腿重复10次。

练习 3： 脚向前伸，上身向后倾

双脚分开与髋同宽站立，将右脚（或左脚）抬离地面，向前伸展，上身和头部同时自然向后倾斜。

左右腿交替完成这个动作，每条腿重复10次。

练习 4：抬脚后跟，活动双臂

双脚分开与髋同宽站立，然后抬起右脚（或左脚）脚后跟，整个练习过程中保持头部挺直向上。同侧手臂放于体侧，抬起对侧手臂向前，这就是本练习的起始位置。同时将右臂举到头部上方，左臂转向右侧，让脊柱得到拉伸，然后回到起始位置。

左右腿交替完成这个动作，每条腿重复10次。

练习5：左右手臂交替摆动

右脚（或左脚）站立，整个练习过程中保持头部和背部直立，交替摆动手臂，脊柱和臀部随着手臂的运动自然摆动。

左右腿交替完成这个动作，每条腿重复10次。

❶

❷

练习6：交替旋转摆臂

右脚（或左脚）站立，在整个练习过程中保持头部直立，然后交替向左右旋转，摆动手臂。保持背部直立，脊柱和臀部随着手臂的运动自然摆动。

左右腿交替完成这个动作，每条腿重复10次。

智能手机问世20多年来，全球已经拥有大约20亿用户，它在我们的生活中无处不在。不合理地使用移动设备和通信技术直接导致了人体功能的损害和疾病的出现，而且持续影响着人们的生活。比如使用手机不当，可能造成焦虑、抑郁等心理问题；可能引发交通事故，给人们的生命财产带来损失；还可能引起家庭及人际交往等诸多社会问题。另外，过度使用智能手机意味着久坐或长时间地盯着屏幕，保持一种静态姿势，这是一种非常不健康的生活方式，它不仅会导致肌肉及骨骼问题，还可能导致压力、头痛和睡眠质量差等诸多生理、心理问题。不健康的体态通常也是过度使用智能手机时头部前倾而造成的，这会加重颈椎及肩颈肌肉的负荷，引发肩颈疼痛，带来脊柱及各种肌肉和骨骼的疾病。肌肉骨骼系统疾病具有急性、慢性和反复发作的特点，现在，它已经成为一个严重的公共卫生问题。

有一次我在中国旅行，乘坐的高铁以350公里/时的惊人速度从北京前往上海。在四个半小时的旅程中，坐在我身边的一位男士全程一动不动地盯着他的手机屏幕，一刻也未曾挪开他的视线。这让我既感到不可思议，又无比悲伤。因为他在整个途中没有看过一眼窗外，也未曾挪动过一次身体，就像被手机催眠了。更可悲的是，他并不是唯一一个这样的乘客。我目光所到之处，几乎所有人都被手机施了“魔法”。

让我们来做一个假设：在未来，年轻人消耗在智能设备上的时间将越来越多于运动时间，而这些被白白耗掉的时间会对他们的健康造成恶劣的影响。

用投资领域的话来说，体育锻炼就像将钱投进银行以期获得收益，而你能获得的收益就是身体健康。相反，过度使用智能设备可能会让我们的健康如同账户里损失的投资本金一样不断流失。

你也许仍在疑惑智能手机是否会让我们变得更聪明的问题，常识已经给了我们答案。就像威利·旺卡（电影《查理和巧克力工厂》里好莱坞影星约翰尼·德普饰演的一个角色）在影片中所得到的教训，智能手机会给我们的生活带来同样的教训，可能还会更糟。正如影片中的小矮人们所唱的歌曲中的忠告：“我建议当你的身体感到僵硬时，动一动就好！”

如果你经常盯着手机或者电脑屏幕，我有很多方法帮助你改善这给健康带来的不利影响。然后请你立即从座位上站起来，进行下列练习。

练习1：活动脚尖

请注意保持背部挺直，脊柱和臀部随着脚的运动自然摆动。

左右脚交替完成以下动作，每只脚重复10次。

1. 脚尖前后摆动

❶

❷

2. 脚尖交叉摆动

❶

❷

3. 脚尖交替旋转

练习 2： 踮脚

将脚跟抬离地面，保持这个姿势，然后慢慢地将脚跟放回地面。

1. 脚尖向前

2. 脚尖向内

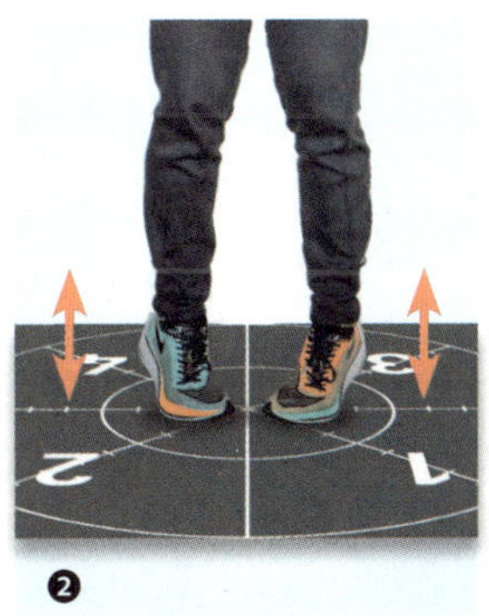

3. 脚尖向外

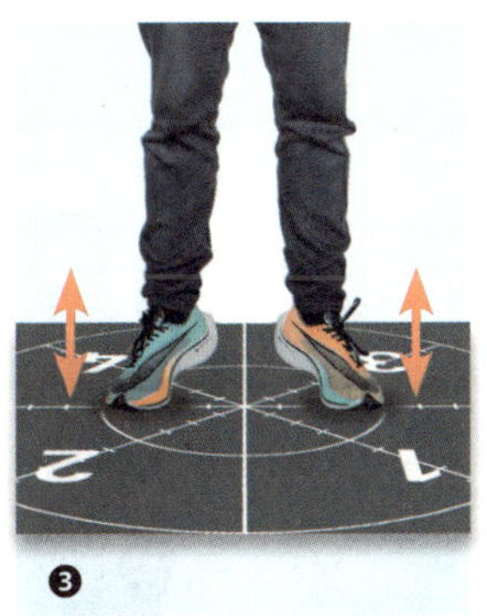

练习3：活动髋关节

注意保持背部挺直，让上身随着臀部自然运动。下列每个动作重复10次。

1. 前后摆动髋关节

2. 左右摆动髋关节

3. 旋转髋关节

练习 4： 头部运动

坐在椅子上，让脊柱随着头部的运动自然移动。注意保持背部挺直，让脊柱和臀部随着手臂自然摆动。下列每个动作重复10次。

1. 前后运动头部

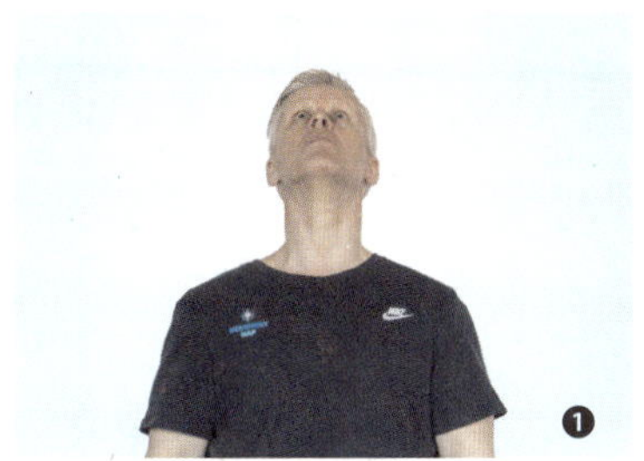

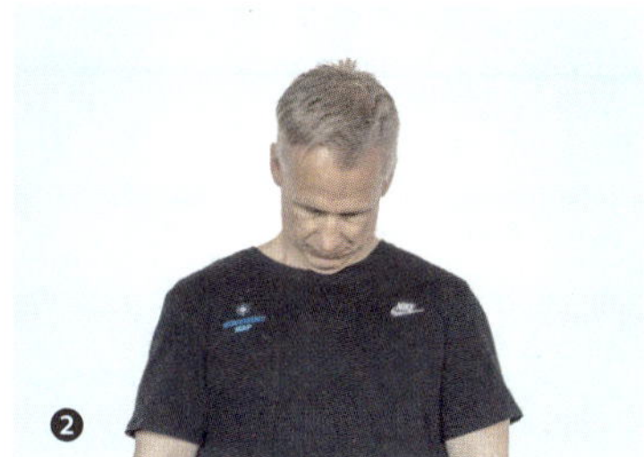

2. 左右运动头部

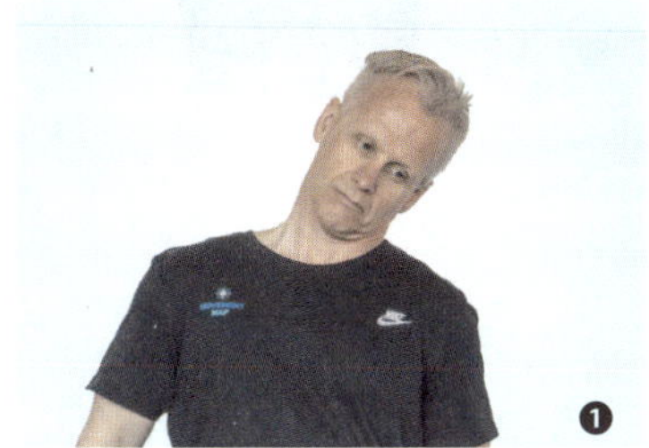

3. 旋转头部

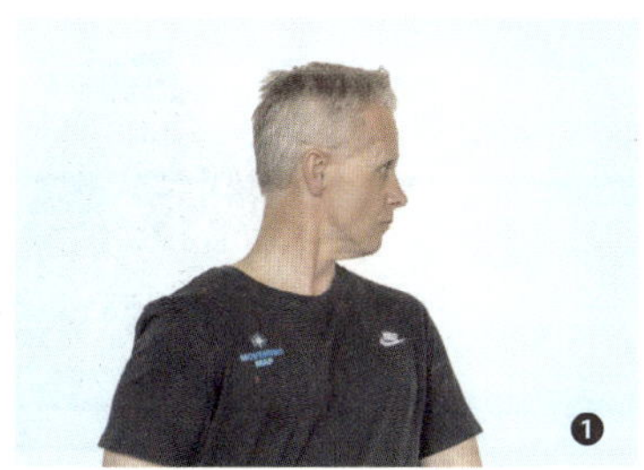

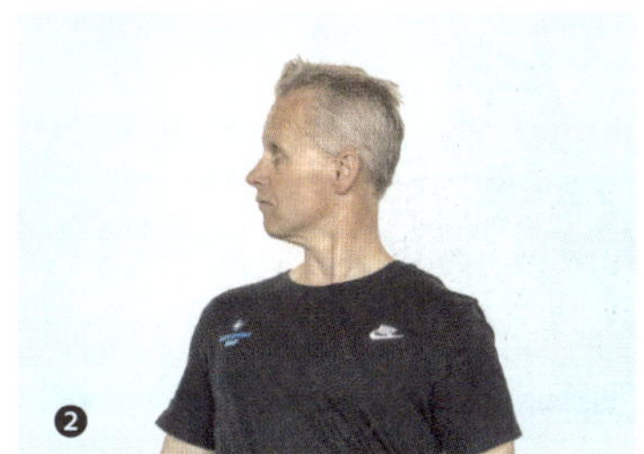

练习5：活动双臂

双脚分开与髋同宽站立。注意保持背部挺直，脊柱和臀部随着手臂自然摆动。下列每个动作重复10次。

1. 在头顶上方伸直双臂，上下摆动

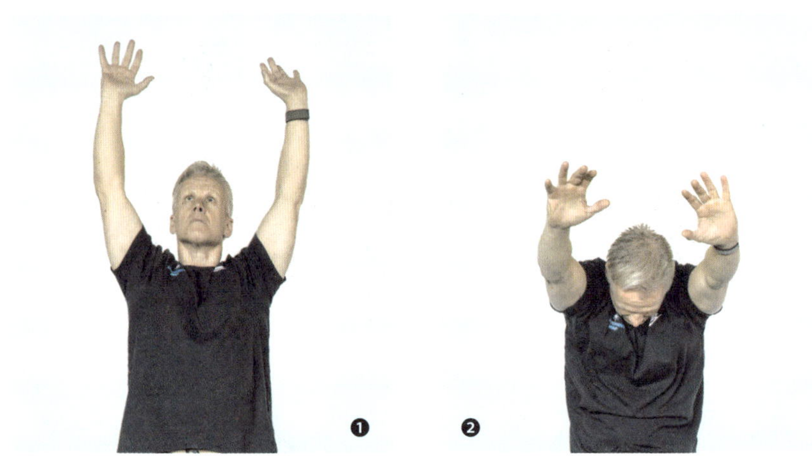

2. 在头顶上方伸直双臂，左右摆动

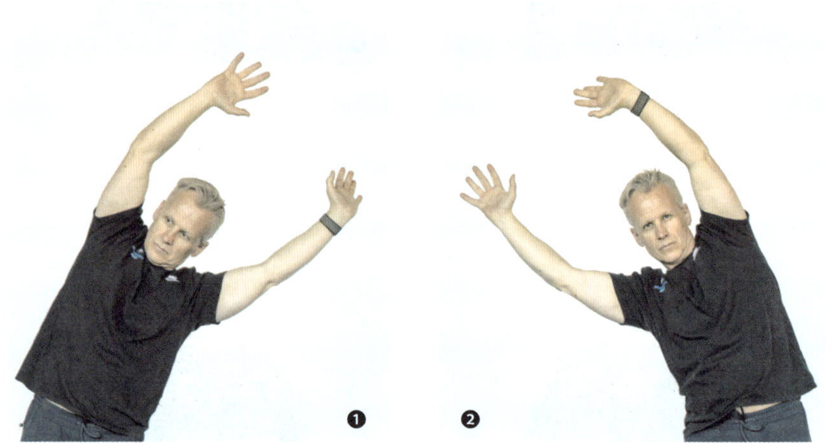

3. 旋转双臂

02 / 是什么使我们的腿脚功能受限

在上班的路上，你的脚会经常踩到软绵绵的、不平整的或是让我们的腿脚容易受伤的东西吗？不会经常遇到，对吧？就连《星球大战》里的那个小机器人R2-D2都能依靠它的小轮子毫无阻碍地四处走动。我们生活在一个平坦的世界里，很少在日常生活中遇到具有挑战性的复杂的运动，就连爬楼梯这种稍微需要用到我们的运动系统的事情都被自动扶梯和电梯所取代了。

根据SAID原则（Specific Adaptation to Imposed Demands），我们的身体会进行自动调节以适应环境的需要。因此，如果你每天都以上述这种完全城市化的方式与地面进行接触，脚和脚踝一直得不到满负荷运转，就会导致其生理功能无法完全发挥作用。最终的结果就是，你一直以运动不完全的肢体接触地面，以致其无法为身体的其他部位传递最完整的运动规律。换句话说，缺乏足够的外界刺激，踝关节的运动能力就会变差，身体其他部位的运动能力也将随之下降。

我经常从客户身上发现这个问题，他们的脚根本不能正常工作。当我让他们完成诸如踩在泡沫垫上这样简单的任务时，他们都很难保持平衡。他们的脚无法对摇晃的表面做出反应，保持稳定所必需的信号也无法被传送到大脑。现代社会让我们远离了大自然，远离了草地、岩石、泥土等野外地面，我们的脚因此变得迟钝笨拙。

你的大脑就像一台电脑，它需要输入，才能产生有效的输出。而大脑的输入来自你对外界的感受，也就是你所看到、所听到的内容。这些信息至关重要，这是大脑控制人体一切动作的基础。就像一条双向通行的街道，你必须给你的大脑输入必要的信息，才能让它正常工作。

当你的脚接触地面时，全身都会做出反应。

如果脚踝功能受限，身体其他部位的功能也会随之受到限制。当脚接触地面时，整个身体都会产生连锁反应。只有当脚踝的各项功能处于最佳状态时，这种反应才是平稳而有效的。如果脚和脚踝的功能处于较差的水平，就好像你的脚在和你身体的其他部位说着另一种语言。所以，当你的“城市脚”在远足时闯入了一条充满挑战性的丛林小道时，你就会觉得自己像第一次穿上溜冰鞋一样难以控制身体，协调性、平衡能力、反应速度和整体性能都不能满足自然环境的需要。

小径、草地或沙地等崎岖不平的地形会为身体的运动机能提供所需的生理营养。这样的环境会促使你的脚和脚踝恢复到最佳状态，从而恢复身体其他部位的功能。我们的脚天生就能在各种路面上行走，只有在能够做到这一点时它才是快乐的。所以，想想你的日常生活，问问自己这个问题：每天在平地上和在不平整的地面上行走的时间比例是多少呢？

这个稍后再进行详细研究，现在先让我们进行以下30秒的小练习：

练习1：非支撑脚运动

单脚站立，在一只脚不接触地面的情况下执行以下动作，臀部和脊椎跟随脚的移动自然运动。

1. 非支撑脚前后摆动

❶

❷

2. 非支撑脚左右摆动

3. 非支撑脚旋转运动

练习 2： 单脚站立，活动手臂

单脚站立，在一只脚不接触地面的情况下完成以下动作，臂部和脊椎跟随手臂自然运动。

1. 前后摆臂

2. 左右摆臂

3. 手臂画圆

你现在感觉如何？

无刺激的运动环境是如何影响我们的日常生活和健康的呢？我们可以通过观察运动技能与肥胖等健康问题之间的关系来进行判断。

这种观察使我们认识到协调性与肥胖之间有着密切的关系。对于孩子来说，协调性以及运动技能低下将导致肥胖。此外，反向联系也成立：肥胖导致运动技能变差。不管怎么看，那些运动能力较差的人都更容易患肥胖症。

在不同环境中进行足够的体育运动是发展运动技能的关键，对儿童和青少年来说更是如此。那么究竟是什么造成我们和孩子们缺乏适当的锻炼呢？

从20世纪80年代开始，人们花在体育锻炼上的时间就一直在逐年减少。可能有许多因素导致了这一现象，但这一定与我们生活中电器使用量的增加脱不了干系。

据美国有线电视新闻网报道，美国的青少年每天花在电视上的时间至少有9个小时，而年纪更小的孩子花费其中的时间恐怕还会更长。那么这些时间是从何而来的呢？如果孩子们每天花了这么多时间盯着屏幕看，他们做什么事情的时间减少了呢？

显而易见，答案是“玩”。而“玩”是开发儿童身体和心灵最好的活动。孩子们“玩”的方式大部分是天生的，比如绕着沙发跑、往水坑里跳等。然而这些活动如今都被手机、平板电脑，以及电视节目取代了，并且孩子们之所以沉迷智能设备，很大程度上就是受到了成年人的影响。

体育运动为身体带来的诸多好处之一是能够开发运动技能，比如身体的协调性和平衡能力等。这些都是孩子们健康的主要指标，更重要的是，它们还预示着孩子们将来的健康指标。

因此，无论我们如何看待运动环境——锻炼脚和脚踝力量的地形，以及运动量——包括成人的锻炼时间和孩子们每天在后院玩耍的时间，我们都应该知道它们与我们将来的健康有着直接的关系。

03 / 你认识自己的脚吗

抱歉，本节的内容可能有点难以理解，技术性太强，但请千万不要跳过，坚持读完它。

人类的脚踝和脚是非常复杂的身体部件，人们很难彻底搞清楚其内部构造，当然，这主要是因为缺乏可靠的分析方法。脚有两个主要特性：一是不稳定性，以适应各种路况；二是稳定性，以实现有效的力量。脚的生物力学特性较差时，尤其是平足和高足弓的人容易引发足底筋膜炎、胫骨应力综合征，以及其他损伤。足底筋膜炎是脚后跟疼的另一种说法，胫骨应力综合征则表现为小腿内侧酸痛或疼痛。

鞋子可能改变脚和脚踝的生物力学特性，也可能增加患上某些疾病的风险。一项研究表明，赤脚行走和穿鞋行走，人体的重心不同。换句话说，穿鞋和不穿鞋走路的方式不同。如果脱掉鞋子，你会像嬉皮士一样四处闲逛，你的重心自然而然就转移到了前脚掌；而当你穿上鞋时，你会将重心集中于脚跟。

举一个有趣的例子：苹果的创始人之一史蒂夫·乔布斯年轻时

拒绝穿鞋子，一周都不洗一次澡，而且长期只以苹果为食。这些习惯对他的整体健康是否有好处还没有定论。我也尝试做了类似的事情，有一段时间我迷上了赤脚跑步，但并非完全赤脚，而是穿着一双所谓的“赤脚鞋”。当穿上这双鞋跑步时，我发现需要一段时间才能让自己适应它。

4个月后，我不得不放弃了。不论在什么样的路面上跑步，我的小腿都疼痛难耐。因此，赤脚跑步对我个人而言并没有什么好处。于是我只好穿回跑鞋，问题也就迎刃而解了。

或许是我赤脚跑步的方式不对？又或许是之前几十年穿鞋跑步，我很难改变这种跑步方式？我自己也不清楚答案。或许正如电视剧里辛普森所说的那样：“生活中的所有问题，酒精既是因也是果。”鞋子也是一样。它们既是解决方案，又是问题所在。请继续读下去，我会尽量为你解释清楚个中缘由。

当你看到支持赤脚跑步的论点时，主要的前提是它是解决问题的方法。很多人声称赤脚跑步是很自然的运动方式，可以降低受伤的风险。然而，数据真的支持这一点吗？德拉瓦大学和哈佛大学的一项研究给了我们答案。该研究得出的结论是，穿鞋的人很容易受伤，而且穿鞋者的受伤比例几乎是赤脚者的两倍，但是为了避免由此得出错误的结论，我们还必须考虑其他因素。当研究人员观察跑步者的损伤类型时，发现两者确实存在着差异。穿鞋者所受的伤害更多的是足跟痛（足底筋膜炎），而赤脚跑步者受到的伤害更多的是跟腱炎。我也有过同样的经历，但我仍然认为这不是全部的事实，还需要做进一步的研究。为了更好地理解这一点，我们需要对脚部做一些了解。

脚的生理构造之复杂，远远超出了你的想象。它由28块骨头、57个关节、108个韧带和20万个以上的神经末梢组成。这是一个庞大的构造，需要遵循许多运动规则。显然，当你试图用鞋子来改变这个天才的设计时，会遇到许多问题。

当你站立或走动时，你的脚是你与地球唯一接触的部位，所有在那里的神经都会告诉你的大脑正在发生什么。没有它们，你会迷失方向，失去平衡。你的脚是你站在地面时的主要信息来源，必须承受许多困难。老实说，你以前考虑过你的脚吗？或者你认为它们只是你穿上鞋子的东西？

跑步、跳跃和横向移动是对脚很大的挑战。你的身体重量最先由你的脚踝承受，然后依次传递到小腿、大腿、臀部、骨盆，最后是脊柱。如果你在沥青这样的平坦路面上跑步，你的骨头、关节和韧带所承受的压力是你体重的三倍；而在下坡或跳跃时，这些部位所承受的负荷还会更大。其实不需要我强调你也会理解，要让身体承受这样的压力，维持正常的双脚功能非常重要。但无论如何，我还是想要强调这一点。如果身体功能链中的第一个环节出了问题，会给整个身体功能带来很大的麻烦。

如果你以正常的速度行走，你的脚每分钟大约接触地面58次。这个步数会随着你的速度快慢和步幅长短而增加或减少。可以大致计算一下步行10米时脚必须承受的重量，而你的脚是否能够承受这些重量取决于它们的强度和韧性之间的微平衡。如果这种平衡被打乱了，你的脚就会变得脆弱，让你很容易受伤。如果你身体状况不好，情况将会更糟。虽然运动损伤的原因是解剖上的不平衡，但伤害的根源还是身体的负荷。

我们的脚各不相同。尽管很多专家提出了所谓“正常”的类型，但实则没有哪种类型是“正常”的。有些所谓的专家声称，那些患上阿基里斯肌腱炎、应力性骨折或足底筋膜炎的患者是因为他们的脚“不正常”，而且没有用那些昂贵的鞋子进行矫正。有趣的是，南非约翰内斯堡的威特沃特斯兰德大学的科学家将180个现代人类与2000年前的骷髅（祖鲁人和欧洲人）的脚部进行对比的结果显示，古人的脚比现代人的更健康。也就是说，没有穿鞋的古人要比现代人的身体更好。那么，人类的进步究竟表现在哪里呢？当科学家们将现代祖鲁族（他们仍然不穿鞋）与穿鞋的欧洲人进行比较时，猜猜看哪一组的脚更加健康呢？是的，答案是祖鲁人。这一领域的前沿研究人员——伯恩哈德·基普斐博士发布他的研究结果时说，医生和专家们也支持人们不要一直穿着鞋子走路，也可以偶尔尝试赤脚行走。鞋子其实并没有制鞋厂在广告中承诺的那么好的效果。

当你穿上鞋以后，你的走路方式将与赤脚的时候有所不同。你可以试一试：找个可以留下脚印的地方，先穿着鞋子走路，然后将鞋脱掉，赤脚走路。仔细观察你的脚印，看到区别了吗？

当你赤脚走路时，你的脚大约有80%与地面接触；而穿鞋时，脚部接触地面的面积减少了很多。也许这就是这么多人在努力平衡自己的原因。不穿鞋时，你的重量集中于脚趾和脚掌上；穿上鞋以后，你放下了脚后跟，或多或少地忘掉了脚的其他部位。生产鞋子的厂商声称他们的产品可以弥补足部的弱点。但这是真的，还是一个骗局呢？

当你赤脚时，不会将脚后跟放在地面上，因为那样感觉不舒服。因此，你会将重心放在前脚掌和脚趾。为了解决这个问题，鞋子通常会设计成保护脚跟的形状。同时，由于在碎石这样粗糙的路面上行走，脚会感觉不舒服，我们也需要穿上一些东西来对它进行保护。此外，那些扁平足的人也需要特殊鞋垫的额外支撑和保护。上面提到的三点，是人们穿鞋的功能方面的主要原因。当然，穿鞋还有美学方面的原因。鞋子穿在脚上很好看，增加了整体的美感。即使是像高跟鞋那样穿一会儿就会让人备受煎熬的鞋子也很受欢迎（主要是在女性群体中），因为它们会让人变得更加性感。可是随着时间的推移，这些高跟鞋会破坏你的跟腱韧带功能。如果你没有做专门的练习来对此进行纠正，有一天你可能将无法再穿高跟鞋，甚至身体会受到伤害。

近年来，鞋子生产厂商越来越注重制造更加舒适的鞋子。他们的产品基于这样一个概念：鞋子应该尽可能地接近赤足的状态。我认为这些厂商确实非常有创意。你可以找各种各样的鞋来模仿自然状态，但这不是自相矛盾吗？

脚的结构相当完美，尽管如此，我们还是买了鞋子，试着让它们发挥脚部已经拥有的作用。这就像你非要戴着你根本不需要的眼镜，即使它会让你的视力变差一样。机智的读者可能会指出，像沥青、混凝土和砾石这样的路面并不是脚部在进化过程中所适应的自然表面。但我会告诉你，这种看法是不对的。

让我们仔细研究一下运动鞋。1991年《运动医学与科学》杂志上发表的一篇题为《运动鞋：产生于不安全的错觉》的文章认为：穿着昂贵的跑鞋，你更容易受伤；便宜的运动鞋可能对你的伤害小一些。另一项研究也得出了类似的结果。带加厚气垫的昂贵运动鞋在跑步时会吸收大量能量，从而减轻膝盖和臀部的负担。这听起来好像很有道理。那么，为什么那些穿着使用大量填充物的鞋子的跑步者比穿便宜跑鞋的人更容易受伤呢？其实，这些气垫根本没什么用。

我已经说了很多与脚部有关的损伤（跟腱炎、足底筋膜炎），但这并不是唯一容易受伤的身体部位。很多人曾经遭受过膝关节疼痛的折磨，并因此大大降低了生活质量。

2006年，芝加哥医科大学风湿病专家对膝盖承受过多的负荷而引发的关节炎进行了研究。多年来，医生建议他们的病人穿着带填充物的鞋子以减少膝盖的负担，但来自芝加哥医科大学的科学家却不这么认为。他们让病人穿着鞋子和不穿鞋子四处走动，然后测量膝盖的负荷。令他们吃惊的是，病人赤脚走路时实际承担的负荷减少了12%。

那么，这是为什么呢？

为了解释这一现象，我需要了解你在穿着有很多填充物的鞋子时脚的情况。当你穿着这样的鞋子在地上行走时，这种柔软并能够吸收绝大多数冲击力的鞋子会让你感觉像是行走在气垫上一样。这会向你的大脑传递什么信息呢？如果你不戴手套进行拳击训练，你会用尽全力击打沙袋吗？不，你不会，因为那会伤到你的手。然而，当你戴上带有衬垫的手套时，你就会拼尽全力。你的脚也一样。穿着带气垫的鞋子，你会用脚后跟用力接触地面，因为你感觉这样做不会给脚带来伤害。气垫鞋和拳击手套的作用一样。如果不穿那样的鞋子，你就不会将重心移向鞋跟，脚跟受到的冲击力就会小很多，膝盖和臀部的负荷也会小得多。

另一个要考虑的重要原因是，当你的脚与地面接触时，你的神经末梢发出的信号会告诉你的大脑，你是想要走还是想要跑。你的身体可以采取适当的行动，以确保身体的每一个部分都提前做好准备，并适应这个速度。但如果你穿上有气垫的鞋子，这些神经末梢发出的重要信号会发生什么变化呢？它们当然会失灵啦。你的脚不能够像赤脚时那样感受地面，神经末梢传送的重要信息也因此被压制了。

1997年，蒙特利尔大学的史提夫·罗宾斯和爱德华·维克德发现，跑步鞋中的填充物越多，与地面接触就越困难。同样的事情也发生在体操运动员身上。如果运动场地表面松软，落地时会产生更大的冲击力。这是因为落地时需要足够的冲击力才能找到平衡感。因此，你必须使用更大的力量去突破气垫的缓冲才能感知地面。如果不穿鞋，你会马上感知地面，更容易调整脚的力度。

那么，我们该怎么办呢？扔掉所有的鞋子，像嬉皮士一样生活吗？

不，千万别那样做！你可以试着经常赤脚锻炼。找个合适的地方，别在柏油路上，而是在草地上试试。只要有可能，就脱掉鞋子到处走走。

也许你被告知是扁平足、高足弓或脚过度内翻，如果不想受伤，就得穿着适当的运动鞋进行矫正。扁平足因为脚向内塌陷，肯定会增加小腿内侧和膝盖内侧的负荷。但运动鞋是解决问题的好办法吗？或许不是。适当的训练可以进行纠正，而不必花很多钱在昂贵的鞋子上。当然，这跟某些喜爱奢侈品的人的观念不同，也不利于那些想向你推荐他们的鞋子的所谓的专业人士的利益。高足弓的人也是如此。因为前脚掌过早落地，将减少脚的稳定性并增加脚部的负荷，脚部过硬也降低了它的减震能力。但你不一定要买昂贵的鞋子来进行矫正，通过适当的训练就可以了。有关研究发现，当所有的跑步者都穿着常规鞋跑步时，正常脚和平足两者发生运动伤害的概率几乎相同。这项研究结果与目前的很多做法相矛盾，因为跑步者一旦发现脚不正常，专家就会建议他们购买某种专业的矫正鞋垫。

安东尼·雷蒙德博士制定了脚型特征指标（FPI），它是一种常用的量化站立足部姿势的方法，由六个指标组成，结合起来就可以判断脚是外旋、正常或内旋。它也是一种目视检测方法，即通过对被测量者进行一系列目测观察就可以得出结果。正常脚被定为零分，平足被定义为正值，外旋被定义为负值。将所有六项指标的得分相加，就能得到脚型特征评估。正常脚最终的FPI总分应在零分左右，得分越高，说明脚外旋情况越严重；相反，得分越低，说明脚内旋情况越严重。当然，每只脚不一样，应分别进行评分。

请你进行以下六项测试，判断你的脚型，并根据结果选择适当的训练。

测试 1. 距骨头触诊

距骨头触诊是唯一依靠触诊而不是目测的测试项目。这项测试通过触摸距骨头处于踝关节的外侧或内侧来进行检测并打分。

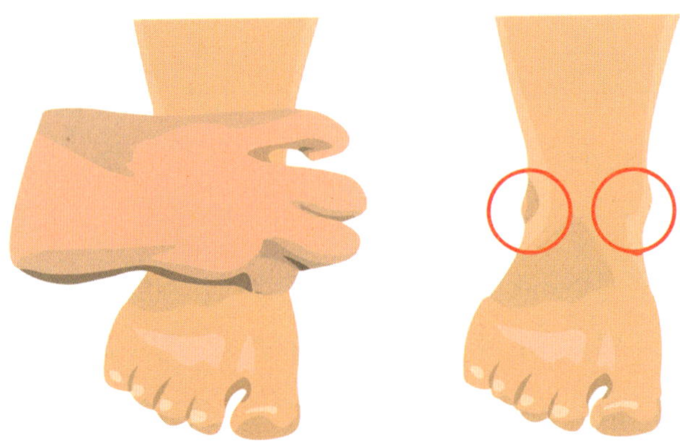

得分	-2	-1	0	1	2
表现	踝关节外侧能摸到距骨头，内侧完全摸不到	踝关节外侧能摸到距骨头，内侧可以摸到一点儿	踝关节内外侧都能摸到距骨头	踝关节内侧能摸到距骨头，外侧可以摸到一点儿	踝关节内侧能摸到距骨头，外侧完全摸不到

测试 2. 踝关节外侧上下弯曲幅度

正常踝关节外侧上下弯曲幅度大致相等。内旋踝关节外侧下部弯曲幅度（踝关节内侧和外侧突出的骨头）明显小于上部弯曲幅度；反之，则为外旋脚。

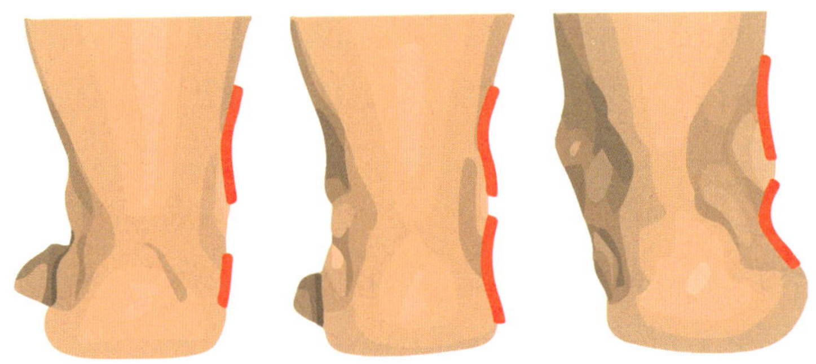

得分	-2	-1	0	1	2
表现	踝关节外侧下曲线明显减小	踝关节外侧下曲线稍减小，上曲线稍平坦	踝关节外侧上下曲线大致相等	踝关节内侧下曲线稍减小，上曲线稍平坦	踝关节内侧下曲线明显减小

测试 3. 目测阿基里斯腱位置

目测放松状态下的阿基里斯腱位置，并对其进行测量。

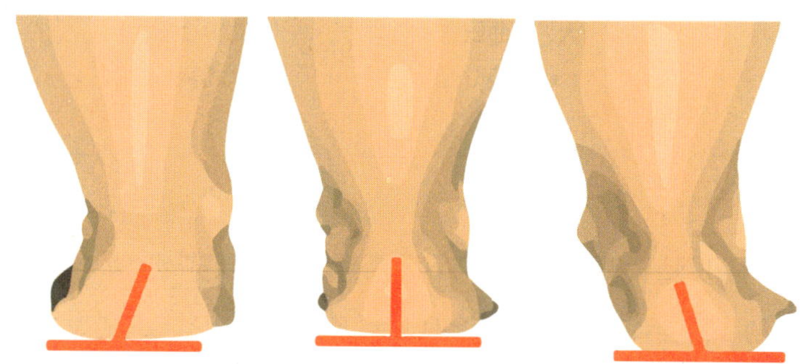

得分	-2	-1	0	1	2
表现	向内倾斜大于5度	向内倾斜在0 ~ 5度之间	垂直	向外倾斜在0 ~ 5度之间	向外倾斜大于5度

测试 4. 踝关节内侧上下弯曲幅度

正常踝关节内侧上下弯曲幅度大致相等。内旋踝关节外侧下部弯曲幅度（踝关节内侧和外侧突出的骨头）明显大于上部弯曲幅度；反之，则为外旋脚。

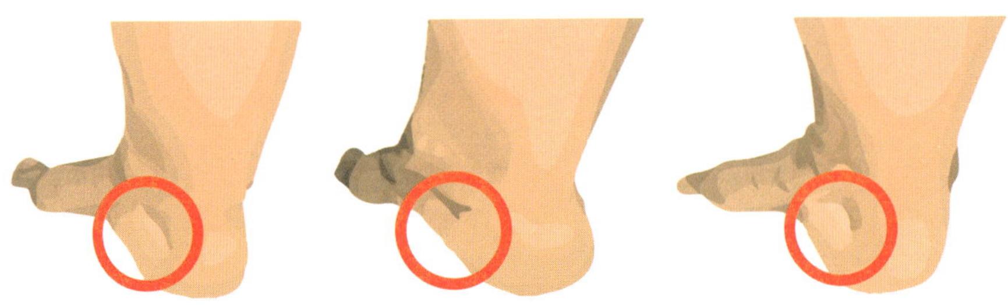

得分	-2	-1	0	1	2
表现	踝关节内侧下曲线明显增大	踝关节内侧下曲线稍增大，上曲线稍平坦	踝关节内侧上下曲线大致相等	踝关节外侧下曲线稍减小，上曲线稍平坦	踝关节外侧下曲线明显减小

测试 5. 目测足弓的形状

足弓的高度是检测足部功能的重要指标之一。正常脚的足弓曲度应该是相对匀称的。内旋脚的内足弓曲度明显大于外足弓；反之，则为外旋脚。

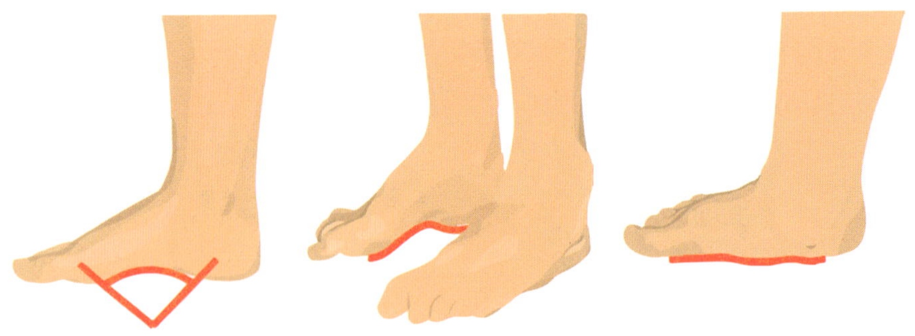

得分	-2	-1	0	1	2
表现	足弓曲度过高	足弓曲度稍增高	足弓曲度正常	足弓曲度稍减小	足弓曲度平坦

测试 6. 从脚跟正后方观察脚趾

从脚跟正后方观察脚趾时，正常脚能从内外看到脚趾，内旋脚只能从内侧看到脚趾，外旋脚只能从外侧看到脚趾。

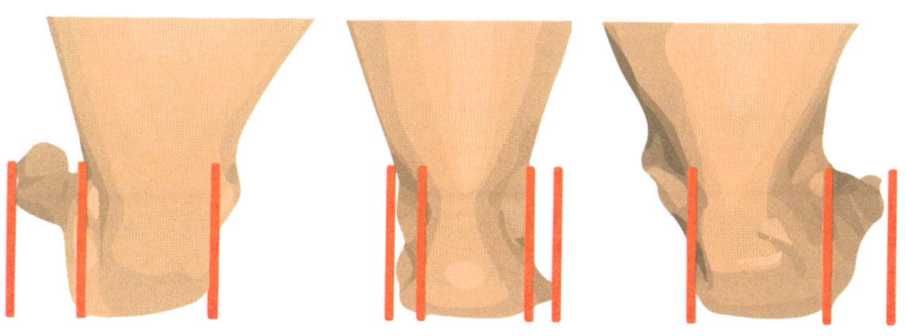

得分	-2	-1	0	1	2
表现	只能从内侧看到脚趾	从内侧看到的脚趾比从外侧看到的多	内外侧都能看到脚趾	从外侧看到的脚趾比从内侧看到的多	只能从外侧看到脚趾

请在下表中记录你的测试结果。

项目编号	左脚（-2 ~ 2）	右脚（-2 ~ 2）
测试 1		
测试 2		
测试 3		
测试 4		
测试 5		
测试 6		
总分		

假设你已经得出了总分，现在可以开始矫正你的脚了。以下是一系列基于你的测试结果而设计的简单训练，建议大家每周进行2 ~ 3次练习。

如果你的得分在0 ~ 5分之间，说明你的脚是正常的，建议你进行以下练习。

练习1：站立腿伸直，非站立腿左右转动

始终保持站立腿伸直，非站立腿左右转动。向外转动时，保持站立腿的膝盖弯曲；向内转动时，保持膝盖伸直。交替双腿，各重复这个动作10次。

❶

❷

练习2：抬脚后跟，运动手臂

抬起右脚（或左脚）脚后跟，将同侧手臂向头顶上方伸直。然后放下手臂延伸至对侧膝盖，臀部跟随旋转。尽可能保持站立腿的膝盖伸直，让臀部和大腿后侧感受明显的拉伸感。交替双腿，各重复这个动作10次。

练习3：迈出右腿，旋转髋关节

迈出右腿（或左腿），让臀部前侧感到轻微的拉伸感。注意保持前脚掌着地，抬起后脚脚跟。尽量将髋关节向外旋转，然后向内旋转。交替双腿，各重复这个动作10次。

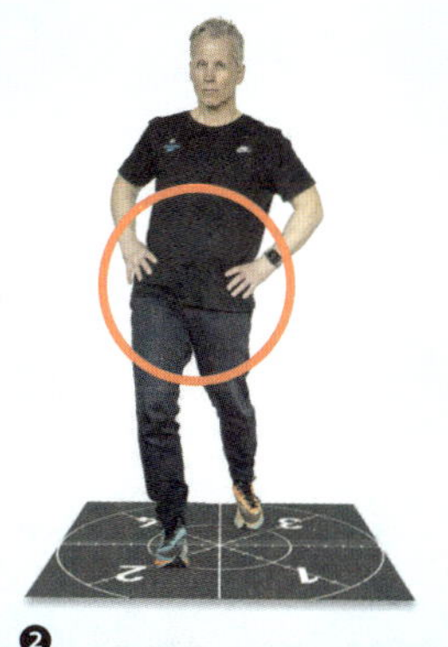

练习4：迈出右腿，上身前倾，将脚向外旋转

迈出右腿（或左腿），前脚脚后跟着地，上身向前倾。当感觉大腿后部有拉伸感时，将脚向外旋转。为了保持平衡，你可以靠墙做这个动作。交替双腿，各重复这个动作10次。

❶

❷

练习5：两脚与肩同宽站立，旋转对侧手臂

两脚与肩同宽站立，右臂（或左臂）弯曲90度，拇指朝上握住杆子或门框。分别向右和向左旋转对侧手臂，脊柱自然地随之运动。注意整个练习过程中要保持脊柱挺直。交替双臂，各重复这个动作10次。

练习 6：站立腿伸直，非站立腿左右转动

始终保持站立腿伸直，手臂保持与肩同高。非站立腿分别向左右转动，手臂自然地跟随脚运动。当脚向外转动时，站立腿的膝盖保持弯曲；当脚向内转动时，伸直站立腿的膝盖。注意放松肩部，脊柱随着脚和手臂的运动一起旋转。交替双脚和双臂，各重复这个动作10次。

如果你的得分在6 ~ 12分之间，那么你的脚属于旋前或过度旋前型，建议你进行以下练习。

练习1：运动腿旋转

始终保持站立腿伸直，运动腿旋转到站立脚的同一侧。交换双脚，各重复10次。

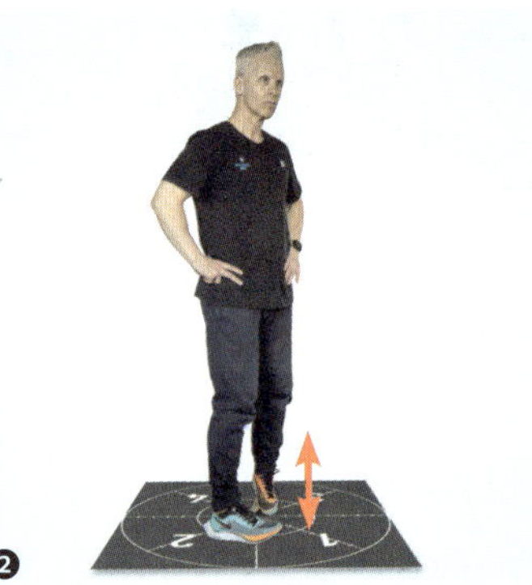

练习2：拉伸后脚外侧

右腿（或左腿）向前做弓步，在整个练习过程中保持后脚的脚后跟离地。慢慢向前脚相反的方向旋转臀部，拉伸后脚外侧。交换双腿，各重复10次。

练习 3： 大腿内侧拉伸

右腿（或左腿）向前迈出一肩距离，做弓步。脚趾向外，慢慢下蹲。注意始终向外打开膝盖，拉伸大腿内侧。交换双腿，各重复10次。

❶

❷

练习 4： 抬脚后跟，做上下运动

右腿（或左腿）向前迈出一肩距离，抬起脚后跟做上下运动，将重心压在脚趾上。注意不要弯曲膝盖。交换双腿，各重复10次。

❶

❷

练习5：打开手臂，左右旋转臀部

双脚打开与肩同宽，伸直两只手臂向体侧打开，手指贴住墙面。左右旋转臀部，脊柱跟随臀部自然运动。注意保持手臂伸直。重复10次。

练习6：旋转手臂，拉伸后脚外侧

右腿（或左腿）向前迈出一肩距离。如果右脚在前，伸直左臂与肩同高，反方向也同样如此。慢慢向后旋转手臂，直到在后脚外侧产生拉伸感。注意脊柱、臀部、膝盖和脚自然地跟随手臂运动。交换双腿，各重复10次。

如果你的得分在–12 ～ –1分之间，那么你的脚属于旋后或过度旋后型，建议你进行以下练习。

练习1： 转动对侧脚

始终保持站立腿伸直，将对侧脚向相反方向转动。转动时注意保持站立腿的膝盖弯曲。交换双腿，各重复10次。

❶

❷

练习2： 拉伸臀部和大腿后侧

右腿（或左腿）向前迈出一肩距离。如果右脚在前面，抬起左臂伸向头顶，反之亦然。然后将手臂向下斜伸到对侧膝盖外侧，臀部和大腿后侧会产生明显拉伸感。注意随着手臂的运动自然地旋转脊椎和臀部。交换双腿，各重复10次。

❶

❷

练习3：左右转动臀部

双脚并拢。双手放于臀部，保持上身挺直，左右转动臀部。注意随着臀部的运动自然地旋转脊柱和膝盖。重复10次。

❶

❷

练习4：下蹲

右腿（或左腿）向前迈出一肩距离，前脚朝内，慢慢下蹲。如果背部和髋关节外侧感觉到良好的伸展，说明锻炼得到位。交换双腿，各重复10次。

❶

❷

练习5：压迫足弓

右腿（或左腿）向前迈出一肩距离，脚趾指向正前方。将身体重心慢慢放到前脚内侧，压迫足弓。注意膝盖随之自然运动。交换双腿，各重复10次。

❶

❷

练习6：压迫前脚内侧

右腿（或左腿）向前迈出，脚趾指向正前方。如果右脚在前，则右手以膝盖高度向左倾斜45度，反之亦然。注意臀部和膝盖随着手自然运动，这将对前脚内侧产生压力。交换双腿，各重复10次。

04 / 身体健康的秘密武器

世界上的确存在着许多悬而未决的问题，但让我们保持健康的主要因素无外乎就是“正确的饮食+适当的锻炼+良好的睡眠”。有无数的经验可以证明，只要能够做到这三点，基本上就能保证我们的健康。

如果你关注运动及体育新闻，你肯定听说过“兴奋剂”这种可以提高运动能力的违禁药物。你也可能读过有关如何提高运动水平的“科学”文章。但你听说过职业运动员相信他们的身体和思想具有某种秘密武器吗？就连科学家也对此表示赞同——它们真的有用！如果你还没猜到，让我给你一点提示吧。

你希望你的运动成绩提高10%吗？使用这个秘密武器，在几周之内就可以做到。而且最棒的是，你要做的只是多睡一会儿。睡眠是一种遭到严重忽视的工具。

事实上，许多NBA（美国职业篮球联赛）和NFL（美国职业橄榄球大联盟）球队如今都非常重视睡眠。既然如此，如果你既能增加三分命中率，也能提高10%的跑步速度，还能有更多时间躺在床上睡觉，你又何乐而不为呢？难怪这些球队现在正在要求他们的运动员睡得更多，因为他们看到了充分休息带来的巨大好处。顺便说一下，我们中没有多少人知道自己究竟是真的适合当运动员，还是在用我们的生命赛跑。

可为什么仅是充足的睡眠人们也很难做到呢？因为有很多东西在争夺我们用在睡眠上的时间。即使我们已经躺进被窝，闭上眼睛努力地想睡个好觉，这些东西也会对我们的睡眠产生很大的影响。其中总有一个可以发光的屏幕。屏幕所发出的光会降低睡眠激素——褪黑激素的分泌。入睡之前90分钟内看电视或者使用智能设备会对入睡能力产生负面影响。记住，直到你真正入睡并开始进入睡眠的不同阶段，你才算进入了睡眠状态。

科技也为我们提供了一些有效的途径以帮助我们监测睡眠质量，改善日常生活习惯。如果我们对科技善加利用，而不是成为科技的奴隶，我们就能从这些现代设备或者应用程序中获益。然而许多人正在被这些智能设备奴役，并逐渐削弱他们保证身体健康的基本原则——“正确的饮食+适当的锻炼+良好的睡眠”。

人类常常力图通过非常复杂的方法来解决简单的问题。但假如我们更加注重改善生活习惯以及对疾病的预防，比如积极进行各种形式的体育活动，那么我们完全可以花更少的金钱以及时间来应对疾病。其实，我们面临的问题是如何在日常工作中的每一小时都进行少量的体育锻炼和运动。现在是时候接触你的秘密武器，打开你所拥有的最高科技的活动追踪器——身体了。

好吧，让我们从你贵重的财产之一——你的车开始。你知道拥有汽车的人体重超标的概率比没有汽车的人高出80%吗？是的，没错。你每天花时间将你的“四轮朋友”洗干净、擦拭得油光锃亮，但它却几乎每天都在伤害你，它使你远离体育运动。别误解，我的意思是我们大多数人都需要一辆车作为代步工具，但我们并不需要时刻都开着车。当你有机会步行时，最好少开车。也许你可以考虑将车停在距离上班场所5 ~ 10个街区的地方，然后步行去上班；也许周末应该是你每周的无车日。关键是你应该多用你的脚，少开车。你的健康，甚至于你的生活质量都取决于此。如果你有孩子，我敢肯定，比起坐在汽车后座无所事事，他们更喜欢走路。

你关心国家经济吗？我想是的。它关乎你的一生：医疗保健、教育、基础设施、养老金等，都是大开销。如果人们每天更加积极地锻炼身体，可以节省数十亿美元。政府可以将这些节省下来的经费用于其他地方，而不是照顾那些因为懒惰的生活方式而生病或受伤的人。也许在将来，懒惰会被认为跟吸烟一样有害，毕竟它对健康的影响相当恶劣。

缺乏运动是21世纪最大的公共卫生问题。全世界31.1%的成年人（15岁及以上）缺乏锻炼。这个比例随着年龄的增长以及收入情况的增高而增加。运动与心理健康也存在着对应关系。越来越多的研究表明，运动会对青少年的心理健康和睡眠质量带来积极影响。

曾经有一项研究表明，每周每增加一小时运动时间，患抑郁症的概率就会减少8%左右。众所周知，经济和技术的进步让发展中国家的学生使用手机和电脑的时间明显增加，随之带来的就是健康问题。越来越多的证据表明，消耗在手机或电脑屏幕前的时间与心血管疾病、精神健康、睡眠质量等多种健康问题有关，也影响了学习成绩。

心理健康问题日益受到社会的关注。越来越多的人相信，花在手机或电脑屏幕前的时间以及用于运动的时间与心理健康问题密切相关。这种现象在儿童和成人中都非常普遍。对于儿童来说，这些习惯可能伴随一生。帮助他们意识到这个问题，将有助于改善他们的健康状况。

研究人员在中国进行了一项研究，其目的是验证体育运动以及使用手机或电脑的时间与心理健康和睡眠质量之间的关系。研究发现，长时间使用手机或电脑与焦虑、抑郁、睡眠质量差等健康问题呈现出明显的正相关。虽然该研究并未发现体育运动与心理健康之间有显著的关系，但发现运动与焦虑症之间存在着明显的相关性。正如预料的那样，中国人运动量的增加使抑郁、焦虑等心理疾病的发病率明显降低，睡眠质量也得到了显著改善。报告中提供了一份较少运动量、中等运动量和较大运动量的三组中国人的样本数据，抽样调查结果完全证实了上述结论。适度的运动对青少年非常重要，他们的大脑敏感度很高。运动可以有效刺激5–羟色胺的分泌以及其他与内啡肽效应相关的神经递质，使负面情绪得到缓解。此外，运动可以有效保持青少年以及成人的大脑健康和认知能力。经过证实，手机和电脑的过度使用，已经对包括青少年和成人在内的大部分中国人的健康状况、认知能力和社交能力造成了严重影响。

手机和电脑的过度使用可以通过多种途径对健康造成危害，其中最主要的危害就是占据了许多原本可以用于运动的时间。除此之外，过度使用手机和电脑还会影响身体的正常代谢，由此引发许多心理健康问题。这一发现解释了过度使用手机与心理健康问题之间的联系。报告还涉及中国人的睡眠质量问题，并提供了许多有价值的数据。许多中国人都存在睡眠质量问题，由此导致了许多心理健康问题。研究表明，使用手机和电脑的时间与睡眠质量之间存在着负相关性。此外，报告认为使用手机的时间过长是导致睡眠不足和睡眠质量较低的重要原因之一。因为花在手机或电脑屏幕前的时间越多，睡眠时间就相应减少。运动是防治睡眠质量不佳的有效方法和手段。睡眠与运动在身体和心理双方面都存在着相互影响的关系。此外，运动能够大大减轻抑郁、焦虑等心理健康问题，对于改善睡眠质量能够起到很大的促进作用。

第三章

吃，是一件大事

01 / 身体里过多的能量不仅多余，而且有害

你怎么知道自己饿了？这是一种错觉还是事实？也许你会说："我就是知道！"那么你在节食的时候如何控制饮食呢？是否总有人告诉你应该吃什么，什么时候吃，吃多少？你的饮食是否一直被某个人或者某篇文章所控制？你曾意识到这个问题吗，被控制会让你感到不舒服吗？如何控制食量？大多数人不管盘子大小都会把它装满，是否换一个小一点的盘子就能解决这一问题呢？

通常人们的体重不会在一周之内突然增加好几千克。如果发生这种情况，你应该马上去就医。身体储存多余的热量需要一个过程，这就是为什么往往体重增加两位数以上时人们才会注意到。你正在慢慢习惯着体重的增长，直到有一天你突然发现之前的衣服都不合身了。但这还不是最糟糕的结果。

当你意识到已经无法跟你的孩子一起玩耍，爬楼梯成了一种挣扎、日常活动也是能避免就避免的时候，你必须承认，这一切并非在一夜之间发生的，自己已经在一条错误的道路上走了很长时间了。可能从很多年前就开始了，但是你没有发觉，或者你只是对此

睁一只眼闭一只眼。总有一天，这些错误的选择会彻底毁掉你的生活。最可怕的不是你所看到的这些，真正的噩梦正发生在你的身体上。你的眼睛虽然看不见，但每天都能感受得到。

你的骨骼难以承受你的体重，心脏和血管为了排除血液中多余的糖分超负荷工作，包括其他器官都需要拼命工作，以为你的暴饮暴食善后。脂肪储存量不断增加，激素分泌水平（这是你身体必不可少的信号系统）不断下降。你注意到这些情况了吗？除非去体检，不然你很难注意到。高血压不会立刻被发现，血管刚开始堵塞时也是如此。

身体发出的微弱信号是很容易被忽视的。你可能总是感到口渴，但仍然在喝苏打水，因为你厌倦了喝白开水；也许你的脚时不时感觉有点儿麻木，但你以为那是在电脑旁坐得太久；你忽略了一些细节，比如腰、颈部或肩部的小疼痛，以为那可能是工作时间太长导致的，并无大碍。很快，爬楼梯时，你会感到胸口痛、呼吸困难，但你认为这是正常的，因为上次锻炼已经是很久之前了，也许是一两年之前的事了。毕竟，你的工作压力很大，根本没有时间去健身房。

经济的高速发展让人们的劳动方式发生了变化，在过去的几十年里，人们的日常运动急剧减少，消耗量也随之减少，但食物摄入量却有增无减。科技进步减少了劳动密集型产业中的劳动力数量（例如农业机械的发展降低了劳动强度和劳动时间），劳动力转移到服务业、制造业等低能耗行业，交通、娱乐活动以及家庭劳动的变化进一步减少了人们的日常体力活动。儿童也不例外，他们在巨大的学业压力下，受到整个家庭的呵护，只用关心学习，被剥夺了承担家务劳动的机会。他们的课余时间都忙着完成功课，除了学校的体育课之外，他们几乎不参加任何体育锻炼和运动。在这种环境下，儿童的运动量明显下降。

同时，人们的饮食结构也发生了巨大的变化。人们大量摄入精制碳水化合物、添加糖、脂肪和动物性食物。例如中国，从1989年到现在，成人每日所食用的猪肉从48克增加到69克，食用植物油从30克增加到37克，谷类食品从600克减少到420克。成人每日脂肪摄入量从76克增加到81克，来自脂肪的能量百分比从23.6%增加到35.9%。儿童和青少年也是如此，孩子成为整个家庭关注的焦点，娇生惯养，以致出现营养过剩现象。我们还看到随处可见的麦当劳、肯德基等快餐企业的巨幅广告，这些快餐食品是许多儿童的最爱，经常喝饮料的儿童已经达到46.1%。

这些变化使超重和肥胖成为主要的公共卫生问题。2018年，中国超重、肥胖和腹部肥胖患病率分别为34.97%、16.82%和43.7%。在过去的几十年里，肥胖问题在各个年龄段都急剧增加，这一问题导致与营养相关的慢性病高发，发病年龄逐渐降低，医疗费用也在不断增加。预防和控制超重、肥胖问题已成为中国社会的当务之急。

研究发现，尽管BMI是最常用到的健康指标，但对于中国人而言（中国人易患身体中段肥胖），腰围或腰臀比更应受到关注，因为中段肥胖会增加高血压发病的风险。如果不测量腰围，大约三分之二的肥胖者会被忽略。因此，在监测中国肥胖患病率时，腰围数据需要引起足够的重视。最新研究发现，同一BMI水平，腰围的快速增长会加剧患病率。

中国人超重及肥胖率与慢性病的患病率是正相关的。研究表明，成年人超重者患高血压和糖尿病的风险是体重指数正常者的2.3倍，肥胖者患高血压和糖尿病的风险是体重指数正常者的4.0 ~ 5.0倍；青少年超重和肥胖者患高血压的风险分别是体重指数正常者的3.3和3.9倍，平均收缩压和舒张压分别比正常体重的青少年高10毫米汞柱和5毫米汞柱左右。冠心病和缺血性中风的相对风险是体重正常者的1.3 ~ 2.0倍。慢性病患病率的上升，加重了医疗负担，它已成为国家主要的财政支出之一。

2003年中国一项针对经济消费的研究结果显示，超重和肥胖问题造成的直接医疗费用为211亿元人民币，占高血压、糖尿病、冠心病和中风直接费用总额的四分之一。慢性病医疗费用所占比例从1993年的54%上升到如今的69%。显然，如果不及时采取行动，肥胖问题将成为严重的国家经济负担。

到目前为止，中国人的饮食状况没有任何变化，也没有任何证据表明中国的肥胖增长率正在放缓。面对不容乐观的现状，控制个人自身的饮食和运动尤为重要。从自己做起，才能将问题化大为小。以下算法可以帮助大家计算每天所需的热量（只针对成年人）：

人每天所需的热量是体重的30倍。也就是说，如果你的体重为80公斤，那你每天大约需要2400卡路里。如果你想减肥，那再减去500卡路里。这个算法虽然不是非常精确，但可以给你一个大致的范围。

如果你想减肥，或减少每日摄入的热量，可以尝试以下方式：

- 喝水，拒绝喝果汁和饮料。
- 保证每餐都有水果和蔬菜。
- 吃粗粮。
- 一周吃2～3次鱼或海鲜。
- 每周1～2天吃素。
- 减少红肉的摄入。
- 多吃豆类及豆类制品。

如果你暂时无法做到所有项，只要能够做到其中的一到两项也很好，因为你已经走在了正确的道路上，再过几周你就能做更多了。不要因为自己不够完美而灰心丧气，而应该鼓励自己继续朝着正确的方向努力。更不要在每消耗5000卡路里的热量之后，就用巧克力、蛋糕或者冰激凌来奖励自己，你或许可以在周末稍稍给自己一个小小的鼓励。运动达人的生活容易让人丧失生活乐趣，但只要足够自律，坚持下来，你收获的成就感将成为其中的乐趣。

02 / 吃健康的食物永远没错

你的饮食结构在一定程度上决定了你身体的健康状况。营养金字塔建议人们吃全麦面包、未经精制的谷类，以及少量的饱和脂肪以保持体重，拥有健康的生活。

合理地选择你的饮食，这可以帮助你在健康的道路上走得更远。让我们更详细地了解食物最基本的成分吧。

1. 复合碳水化合物

碳水化合物是一种重要的营养成分，是人们主要的能量来源。但是，很多所谓有效的减肥方法都建议我们少吃碳水化合物。其实，关键在于找到合适的碳水化合物，而不是完全拒绝它。不论你曾经听到过什么，碳水化合物绝不是破坏我们减肥大计的妖魔鬼怪。

合适的碳水化合物是复杂的碳水化合物，它们由三个以上的单糖组成，结构复杂，因此被称为“复合碳水化合物”。这些复合碳水化合物的化学名称是“多糖”。多糖在人体内的消化速度很慢，不能像单糖一样代谢（即转化成能量）。因此，复合碳水化合物不像气泡饮料那样容易提高血糖水平。这真是太好了。

这些复合碳水化合物通常也是高纤维食物，能够促进肠道有规律地蠕动，帮助控制胆固醇。最常见的多糖是淀粉，它存在于植物中。常见的植物类淀粉食物包括全谷物早餐麦片、黑面包、土豆、意大利面和大米。膳食纤维的主要来源是水果、蔬菜、坚果和豆类。

众所周知，经常食用膳食纤维有益身体健康。科学家们长期以来一直在努力解释为什么高纤维饮食如此重要，结果发现：膳食纤维本身并不会对身体产生很大的影响，但它们是人体内的有益菌所需的食物来源。这些有益菌享用了这些“盛宴”之后，作为报答，它们会努力工作，使你的免疫系统和肠道保持良好的状态。为了消化你所吃的食物，你需要酶来分解蔬菜、肉以及其他食物，然后通过肠壁吸收进肠道细胞中。问题是这些酶不能帮助分解植物中的高强度的化合物，这些不易消化的分子就是我们所说的膳食纤维，它们对我们来说是无法消化的食物，但对于有益菌却不是。有益菌喜欢它们，而人体得益于有益菌的工作。一个完美的共生体因此形成：多吃高纤维的蔬菜，体内的“小帮手们”就会得到足够的食物，最终受益的则是自己。这就是完美共生体的美妙之处。

2. 简单碳水化合物和含糖零食

在过去的几十年中，像果糖这样的单糖在我们的总热量摄入中所占的比例越来越大，但这并不是因为我们吃了更多的水果。现如今，很多食物和饮料都含有大量的果糖——玉米糖浆。果糖的过多摄入对我们的健康有害：在等热量（摄入卡路里=消耗卡路里）的实验中，人们饮食中的果糖比例增高，直接引起了体重的增加和全身脂肪量的增加。与此同时，体育运动却显著减少。

还有许多让我们尽量避免摄入过多单糖的理由。饼干、甜甜圈，以及其他高糖分的加工食品和饮料对我们的健康，尤其是对胰腺非常有害。它们会增加抗胰岛素性，以及患Ⅱ型糖尿病的风险。它们简单的化学结构意味着可以很容易并且很快地被转化成能量，导致血糖含量和胰岛素的分泌量快速上升。随着时间的推移，胰腺很快就会衰竭。

3. 蛋白质

一个健康的成年人，每千克体重每天需要0.8 ~ 1.0克蛋白质以保持健康。你可能知道，对于身体来说，蛋白质对于生长发育和伤口愈合非常重要，运动员也经常摄入蛋白质产品来刺激骨骼肌的形成。蛋白质是一种重要的能源来源——事实上，蛋白质和碳水化合物的热值是一样的！因此，你是否应该戒掉吃含糖零食的习惯改吃蛋白质呢？高蛋白食品近年来在公众中获得了惊人的普及，成为减肥食谱的重要组成部分。或许是因为蛋白质比碳水化合物更容易提供饱腹感，它们变成了健康产业的新宠。

高蛋白饮食已被证明可以减缓胃排空，并控制餐后血糖升高。在Ⅱ型糖尿病患者中，较高的蛋白质含量与长期控制空腹血糖有关，而他们的总的摄入量保持稳定。对于Ⅱ型糖尿病患者来说，这是个好消息。为什么它对Ⅱ型糖尿病患者有益呢？原因是高蛋白对胰岛素抵抗有不良影响。

碳水化合物和蛋白质的联合负荷会刺激胰岛素分泌，但同时也增加了胰岛β细胞对葡萄糖的敏感性。然而，当胰岛素分泌量增加两到三倍时，其作用将显著下降。换句话说，产生更多的胰岛素的代价是其作用下降。从长期来看，胰腺细胞的β细胞过度分泌，也会致使其作用下降。

此外，许多高蛋白食物中含有大量动物饱和脂肪。这种脂肪提高了低密度脂蛋白胆固醇或降低了高密度脂蛋白胆固醇，这些都是不利于健康的胆固醇。较高的低密度脂蛋白胆固醇水平会增加患心脏病的风险。另外，高膳食动物蛋白会使尿量增加，让身体中必需的矿物质，比如钙流失。每摄取1克动物蛋白，身体将平均损失1.75毫克钙。这些钙沉淀物如果留在肾脏中，会形成肾结石。

4. 脂肪

关于脂肪的争论似乎是无休无止的。从我们现在知道的事实来看，吃不饱和脂肪对身体有好处。但是，这并不意味着你要避免饱和脂肪，只吃不饱和脂肪，而是应该少吃，保证饮食均衡。富含脂肪的鱼类、坚果、鳄梨、种子和植物油中的不饱和脂肪对你的健康有益。你的身体和大脑需要脂肪，以维持细胞的功能和免疫系统的功能，提高大脑的学习能力。实际上，对人体有益的维生素也必须依靠脂肪的摄入才能发挥作用。所以，你必须摄入足够的、健康的脂肪。饱和脂肪通常存在于那些不应该吃的食物中，比如糖、巧克力、薯片和蛋糕等零食中，但肉类和乳制品也含有饱和脂肪。所以，吃脂肪类食物没有问题，但不要使其在你的饮食结构里占据过高的比重。

03 / 饮食习惯决定胰腺的健康

人的胰腺是一个非常卓越的器官，它位于腹部深处，在胃和脊椎之间。作为一种腺体，它有分泌激素和分泌消化酶到血液中帮助消化的双重功能。你可能并没有注意到它，但你真的要感谢这个默默工作的小家伙。胰腺主要的任务是维持体内血糖的平衡。

让我们将目光转回几千年前。穴居人类没有固定的食物类型，三餐也不规律，他们经常不得不忍饥挨饿好几天甚至好几周。维持人体活动需要大量的能量，这些为细胞提供的能量必须依靠葡萄糖才能代谢。保持血糖处于稳定浓度是胰腺的基本功能。空腹时，胰腺分泌胰高血糖素（也称升糖素）；摄入食物时，胰腺分泌消化酶和胰岛素。

胰高血糖素是一种刺激肝脏释放葡萄糖进入血液的激素。这些被释放出的葡萄糖来自身体的储备。首先是来自肝脏储存的"快速"糖原，随后是从骨骼肌中储存的蛋白质以及脂肪组织中储存的脂肪分解而来。然而，一旦胰腺感觉到"食物摄入"，它就会停止分泌胰高血糖素，转而分泌胰岛素。胰岛素与胰高血糖素的作用正好相反，它能刺激肝脏补充糖原储存。胰岛素因其合成代谢作用在运动员中被广泛认可，它是骨骼肌构建的有力刺激物。然而，大多数人都只知道胰岛素的降血糖作用可以用于治疗糖尿病。

也许你认为健康的胰腺是一个高度敏感的器官，它永远不会停止工作。你说得很对，为了保持平衡，胰腺感知并影响着血糖浓度的微小波动。血糖浓度的下降与胰高血糖素（根据不同的情况也可能跟其他激素有关）相抵消，而血糖的峰值随着胰岛素分泌量的变化而迅速变化，这与时间和血糖峰值变化密切相关。

如果我们仍然沿用石器时代的人类的生活方式和饮食结构，每天出去打猎，你可能永远用不着担心你的胰腺产生的胰岛素。然而事实并非如此，因为你的胰腺，或者更确切地说是胰腺产生的胰岛素 β 细胞的寿命是有限的。它们能够分泌的胰岛素的量会随年龄的增加而不断下降，直至完全耗尽。

在过去，Ⅱ型糖尿病是一种在老年人中常见的疾病。如今，我们完全有机会比石器时代的祖先更长寿，但这取决于我们的生活方式，是很快地，还是很慢地消耗胰腺中的胰岛素分泌细胞，并且是否会患上糖尿病。

健康的饮食习惯和锻炼是延缓Ⅱ型糖尿病发病的主要措施。Ⅱ型糖尿病的确也会由遗传而来。关于双胞胎的研究表明，基因是患Ⅱ型糖尿病的非常重要的原因之一。然而，肥胖更容易在同一家庭中出现，因为家庭成员往往有类似的饮食习惯和锻炼习惯。如果你有Ⅱ型糖尿病家族史，可能很难确定你的糖尿病是由于生活方式还是由家族遗传而来，最有可能的原因是两者兼而有之。但请不要灰心，尊重你的胰腺每天为你所做的惊人工作，不要不顾后果地浪费它，还是可以避免患上Ⅱ型糖尿病的。以下是给你的建议：

- 少吃多餐。
- 吃健康的食物。
- 经常锻炼（哪怕是少量的运动），最好是饭后运动。
- 合理控制饮食。

保持你的胰腺健康、远离糖尿病的最有效的方法是保证三餐规律，即保证早餐、午餐和晚餐按时按量。如果你习惯在两餐之间吃零食，也要控制零食的量，一个苹果或一点儿蔬菜就足够了。最重要的是，让你的身体有足够的时间给你反馈。如今，当我们坐着（或四处走动着）吃东西时，身体没有足够的时间给予我们反馈，以至于我们吃了过多的食物。所以，吃东西时务必细嚼慢咽，倾听身体给予的反馈！

很多人在白天经常忘记喝水，而是将咖啡或其他含咖啡因的饮料不停地灌入口中，这造成的结果是我们的身体因为严重缺水而向我们发出警告。然而，我们总是忙于其他事物，误以为身体发出的警告是想要更多的食物。所以，确保你在白天喝几小杯水。再一次强调，请多多倾听身体的反馈，留心它究竟想要什么。以下建议对你的健康很有益处：

- 提前几小时吃晚餐，尽量延长晚餐和就寝之间的时间。
- 保证每天至少 7 小时的睡眠时间，并保证睡眠质量。
- 不要不吃早餐，白天多喝水。
- 计划好你的食谱。

第四章

行动起来，才能锻炼出健康灵活的身体

CHAPTER 03

01 / 只要感觉行，你就行

人类能够完成各项运动并且具有足够的平衡感、力量和耐力，在很大程度上依赖于精神和感知，也就是说，你对自己的感知会影响你的表现。如果你对自己的身体没有信心，就会严重影响能力的发挥。

例如，如果你活动肩部时感到疼痛，你会在疼痛消失后很长时间内刻意不去活动它。你可能会说，这不是很正常的现象吗？其实，疼痛带来的感觉停留在大脑的时间比在肩关节的时间要长得多。

人体也必须和其他物体一样遵从物理定律，但是你的思想和感受却受到周围环境的影响。你的身体并非一个没有思想的物体，而你对周围世界的感受主要取决于身体的活动能力。

试着进行下面这个小练习。

练习：站立

身体站直，手臂自然下垂，打开肩膀下沉，抬头挺胸，双眼直视前方。注意不要耸肩。

你现在感觉如何？觉得更加自信了吗？你感到紧张还是放松？

运动时的身体感受对于心理感知非常重要。如果你以不同的方式进行运动，感受也会完全不同。而如果你感受不到身体如何运动，就不会知道什么对你的身体是最适合的，你的身体也会因此变得不再灵活。

本体感觉是指对身体部位的相对位置和在运动中所使用力量的感觉。除了视觉、听觉、味觉和触觉之外，本体感觉对你的活动能力也是至关重要的。也就是说，感知的运动状态与看到的、听到的等其他身体器官得来的信息一样重要，而这种能力也同样是通过身体的运动得到开发的。

研究表明，适当的本体感觉和平衡性训练对加强人们的日常运动表现有很大帮助，还能大大降低受伤的风险。

另外，人们对身体的感知与其身体、心理及情感体验有极大的关系，换句话说，一切记忆中的体验均会影响我们对于身体挑战的反应和承受能力。

小时候我不太擅长跳水，哥哥在这方面比我强很多。现在看来这没什么大不了的，在当时却对我非常重要，因为我希望以此给女孩子们留下好印象，让她们觉得我很勇敢，而且跳水很厉害。大概是13岁的某一天，我突然灵光乍现，跳出了一个完美的动作。当时感觉在周围人惊叹的目光中，我仿佛成了跳水王子，尤其是看到女孩子们仰慕的眼神，这让我感觉太好了。于是我回到跳板上，想再来一次。当时我对自己充满了信心，相信自己既然已经做到了，就能做得更好。但让我没想到的是，一个男孩子为了捉弄我，对我的跳板动了手脚，结果我像一只被枪打中的小鸟，一头扎进了水里。那次经历让我当众出丑，给我带来的是很糟糕的体验，从此我再也没跳过水。这很可笑对吧？就是这样一件小事，过去已久却还记忆犹新，而且对我的运动生涯产生了深刻的影响。

你习惯于久坐不动的生活方式，或者当你受伤之后，你的身体再没有剧烈运动，你就会逐渐丧失对身体各项机能的信心。慢慢地，你能完成的运动就会越来越少。这不一定是因为肌肉萎缩，而是因为你丧失了对自己的力量、耐力和柔韧性的心理感知。简而言之就是，“让你举步不前的原因全在你的脑子里”。而你认为自己做不到的事，不一定真的做不到。

本体感觉是一个复杂的神经肌肉过程，它是指动觉以及对于运动和位置的认识。身体各个系统之间的信号传递，对发挥各项身体功能以及预防身体受伤都非常重要。人的本体感觉包括动觉感知、前庭感觉和负重感觉。

动觉感知是对运动模式的感觉，包括主动运动和被动运动，也就是你如何感觉自己的体重、你所做的运动以及周围环境改变时你对自身的感知。这可能很难理解，让我举个例子加以说明：如果有人叫你跑或者跳，你就会立刻感到不舒服。因为你既不想跑，也不想跳，你非常讨厌做这些，一想到就觉得不舒服。你对跑步和跳跃的动觉感知很不好，直觉告诉你不要这么做，因此你就会拒绝去做。

记得几年前，我开设了一个训练课程。在训练的过程中，我让学员们做跳的动作。这并非高技术性的运动，几岁的孩子都能够做到。但两名学员拒绝做这个动作，他们甚至告诉我跳跃非常危险。这或许是过去的相关体验告诉他们的，这就是他们对跳跃的动觉感知，虽然跳跃对人类来说是一件非常自然的事情。

前庭感觉完全取决于你以往的经验，也就是你对周围环境的感受，尤其是对身体如何运动和头部位置的感觉。这是一个复杂的系统，可以感知所有的旋转方向。随着年龄的增长，这个系统会变得越来越弱，这可能就是为什么年龄大了以后不能再坐过山车了，因为它会让你觉得恶心。但这并不能成为拒绝运动的理由。

还记得自己最后一次坐过山车的经历，那是在五年前，我带女儿去游乐园玩。当我从过山车上下来后，头感到眩晕，而且持续了一个多小时。那时候我才明白，自己的过山车时代已经结束了，因为我的前庭感觉已经不比当年了。

负重感觉是你对增加的负荷和高难度运动的敏感度。当你必须跑步、跳跃、攀登或负重时，身体会产生什么变化？你会感觉劳累或恐惧吗？你的极限在哪里？作为一名培训师，我的任务之一就是帮助客户获得成就感，让他们在运动过程中更加自信，也更安全。尤其是当客户感到疼痛时，自信就显得更加重要了，因为运动带来的强烈疼痛是一种非常不好的体验，它妨碍我们继续运动。如果你在面对某项活动、任务或情景时，身体常常表现出心跳加速、出汗、胸部或腹部疼痛，这其实是身体对于新的变化感到紧张或不确定的典型反应。这种反应非常重要，它会让人体分泌肾上腺素，使人更加兴奋，随时应对各种刺激和挑战。

最近几年我一直在参加挪威举行的一项比赛，这项比赛在挪威语中意为“硬汉”或“强人”。它的比赛时间不长，距离约为5公里，而参赛者必须通过大约40个障碍物，全程要通过爬行、奔跑、跳跃等运动才能到达终点。因而比赛结束时，你可能大汗淋漓、疲惫不堪，但这却让你兴奋无比，因为你在不断挑战自己。

我第一次参加这样的比赛时，一开始是有些惶恐的。但因为这是我的一位好朋友送的生日礼物，我们相约一起参赛，所以我不能退缩。记得开车过去时，我非常紧张，我不知道自己将面对怎样的挑战，尽管我几乎每天都在运动，但比赛仍然让我感到恐惧。

而最终比赛一切顺利！它给我的感觉实在太棒了，因此第二年我再次决定参赛。我期待离开自己的“舒适区”，很高兴我也做到了。

你肯定听说过“舒适区”。这是一个让你感到安全舒适的区间。毫无疑问，这是个消磨时间的好地方，但它对你而言究竟有多大呢？是一整个世界？是从最高的山峰到水下10英尺（1英尺≈0.305米）？还是像你家一样，或者像监狱的牢房一样小？我不知道。你应该问问自己：“我的运动舒适区有多大？”如果它很小，那么你必须从现在开始训练你的负重感觉。你需要多做户外运动，挑战你的身心，做一些让你感到具有挑战性而且不是轻轻松松就能完成的事情。这些让你感觉困难的事做起来对你很有好处，这意味着你正在挑战自己。

我认识一个名叫汉斯的人。他当了一辈子工人，多年来一直从事着艰苦的体力劳动，却几乎没有任何身体损伤。他一直感觉很好，直到有一天，他在工作中出了事故。他摔了一跤，左侧身体受了伤，也因此住了院。经过治疗，他非常积极地进行了康复训练。一段时间之后，他感觉自己恢复得很好，可以回去工作了。

后来，他身体的右侧开始感到疼痛（他以前受伤的是左侧），走路都变得困难。渐渐地，他在生活中和工作时越来越小心翼翼。医生经过全面检查发现，那次事故之后，他非常注意保护自己左侧的身体。这彻底改变了他的行为方式。比如，即使是自然地使用左手的事情他也只用右手去完成，因为他害怕伤害他的左侧身体。总的来说，这些行为方式的改变导致了他身体右侧承担了过多的负担，而左侧身体做的事情又太少。

汉斯这么做不是因为疼痛，而是因为害怕引起疼痛，却反而导致了右侧身体的疼痛。如果你非常珍爱某个人或某样东西，那就放手让其自由吧，不要太刻意或过分地保护。

后来，汉斯得到了专业人士的指导，调整了他的活动方式，使之回到了事故发生前的状态，右侧身体的疼痛便消失了。他恢复了体力和精力，也意识到了自己的身体感受和情绪对行为方式会产生影响。用老生常谈的话说，就是你在生活中所做的运动和感受对你与周围环境的互动起着至关重要的作用。

另一个例子是我的一个好朋友弗兰克。他大部分时间都在车库里做体力劳动。他习惯于运动，并且是以符合人体工程学的正确方式进行运动。有一天，他所在的公司与一家大公司合并，弗兰克因此得到提升，承担了更多的责任。他的工作内容发生了变化，80%的时间都在从事文字工作。

几个月后，弗兰克感到腰部、颈部和臀部疼痛。又过了几个星期，他的疼痛加重了。他找过一些专业人士寻求帮助，但疼痛并没有消失。然后，他尝试进行锻炼来增加他的肌肉力量和运动能力。

显然，弗兰克的身体之所以出现健康问题，是因为他之前几乎完全停止了体力活动。他过去所做的工作让他的身体经常进行剧烈运动，帮助他保持健康。当弗兰克换到新的岗位以后，他的工作方式不再利于健康。他将大部分的时间都花在了电脑上。仅仅几个月，他的身体就变成了无意识的身体。弗兰克过去很清楚如何避免受伤，他以正确的方式举起沉重的东西，对自己的身体感知度很高。而当他的工作内容发生变化时，弗兰克没有做出必要的调整。不是因为他不想保持健康，而是因为他不知道如何适应新的工作状态。

汉斯和弗兰克的工作环境都发生了变化，并且都没能适应这些改变。他们都必须重新认识自己的身体，从而调整他们的运动模式。我们必须了解和记住的是，我们虽然知道要完成某项任务，但我们并不总是知道该如何使用我们的肌肉和关节来完成它。

也许我所讲的内容有些难以理解，但也别就此放弃。让我们继续努力，你一定能够做到。

02 / 逃避不能解决问题

也许你很熟悉这三只聪明的猴子，它们分别是Mizaru（不看）、Kikazaru（不听）和Iwazaru（不言）。在西方，猴子常被视作一种讽刺形象，用于形容拒绝向新知识敞开胸怀并接受现实的人。它也常出现在日本艺术中。

那么这三只猴子和本书所讲的内容又有什么关系呢？其实有很大的关系。人们常常拒绝承认和接受现实，而是倾向于粉饰自己的生活，对于不好的事物不看、不听、不说。

著名作家亨利克·易卜生曾写道："夺走了普通人生活中的幻想，也就夺走他的幸福。"无知是福，对吧？当某些因素给我们的生活方式和身体健康带来负面影响，而我们感觉难以面对这些影响时，我们总是倾向于采用回避的态度，而不是去面对它。但是这种鸵鸟策略总是有代价的，我的客户艾米丽就是一个例子。

艾米丽在办公室工作。她在一家公司工作了四年多，她早已适应了自己的工作环境，直到有一天发生了一些意料之外的状况。管理层决定对公司进行一些调整，其中主要的一项就是把所有员工都放在一个开放的办公区，所有人都没有固定的座位。艾米丽的工作环境发生了巨大变化，这令她非常不适应。

艾米丽是一个按部就班的人。这些变化使她感到紧张，而她以前的办公桌椅令她感到很舒适（她曾经患有肩部疼痛和颈部僵硬）。在开放的工作区工作令她很不舒服，她肩膀的疼痛和头痛症状很快重新发作。最重要的是，她还出现了一些以前从未遇到的其他症状：脑子里常常出现“嗡嗡”的响声，而且随着时间的推移，这个声音越来越大。几周后，她在公司医务室接受了检查，被告知可能患上了耳鸣。

你可能曾经也患过耳鸣，这种情况总是会突然出现，“嗡嗡”声通常会在一段时间后自动消失。但是很多人多年来一直被这个问题困扰着，耳鸣严重影响了他们的身体健康和生活质量。耳鸣不是一种疾病，这一点很重要。很多原因都会导致耳鸣，包括喧闹的音乐、大声喧哗，以及像艾米丽遇到的这种情况——由于压力和恶劣的工作条件。

不言而喻，艾米丽很害怕，她以前从未遇到过这种情况。但这种担心无济于事，反而会让症状加剧。幸运的是，她的雇主让她去看了一位理疗师。这位理疗师分析了她的工作情况，认为开放的办公室环境很可能是艾米丽的健康出现问题的原因。

当艾米丽拥有单独的办公区域，有自己的椅子和办公桌时，她可以根据自己的需要进行调节。但是新的办公环境没有固定的座位，不允许她这样做。另外，之前艾米丽可以根据自己的需要安排工作内容和办公的位置。但公司调整了工作空间之后，她不再有这样的机会。如果她离开自己的位置四处走动一下，让身体暂时摆脱久坐不动的状态，那么当她回来时，她的位置很可能已经被其他人占了，她只能找其他地方坐。正是这样，让她无法坚持健康的工作习惯，从而导致了耳鸣。

理疗师让她做了一些练习来消除久坐状态带来的影响，帮助她在办公期间进行放松。她的雇主也给她安排了一个固定的座位，这样她就不用一直更换座位了。没过多久，艾米丽就感觉好多了，耳鸣的症状也随之消失了。

其实，这类问题很难自行解决。当公司的高层决定调整工作环境时，作为员工，你一般无法提出异议，你必须努力适应新的环境并做好本职工作。但有些时候，这会带来一些健康问题，就像艾米丽那样。此时我们就不能再使用鸵鸟政策了，而是要必须面对。

虽然开阔的办公室环境可以降低办公成本，看起来是个好主意，但从长远来看，由此造成员工病假而带来的成本，可能会远远超过节省的这点儿费用。在办公室里工作对人体来说不是自然的状态，但在当今社会，很多人不得不整天待在办公室里工作。下面，我为大家提供一些简单的肩膀和背部练习，你可以在办公室里试试。对大多数人来说，只需要几分钟就会得到显著的改善，这能帮助你消除久坐的工作状态对健康造成的影响。

练习 1：臀部运动

双手撑在桌子上，保持站姿。臀部发力，慢慢地做下蹲起身的动作。注意脊柱自然地跟随臀部运动。每个动作重复 10 次。

1. 前后摆动髋部

❶ ❷

2. 左右摆动髋部

3. 旋转髋部运动

练习 2： 肩部运动

双手向身体后面延伸，让胸肌有拉伸感。肩部慢慢地做上耸和下沉的动作，整个过程中注意让脊柱自然地随着肩部运动。每个动作重复10次。

1. 肩部前后运动

❶

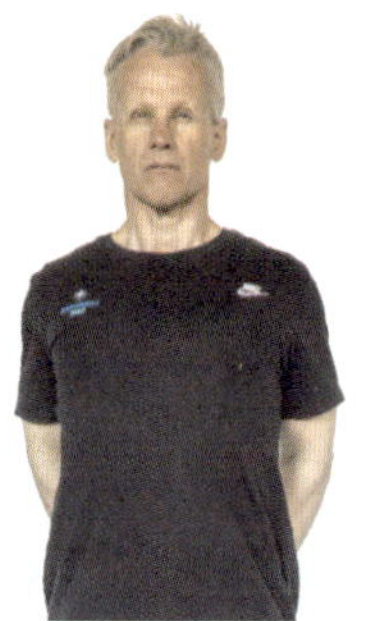
❷

2. 肩部左右运动

❶

❷

3. 肩部旋转运动

❶

❷

练习3：头部运动

双手上举扶在墙上。活动头部，注意让脊椎自然地随着头部运动。每个动作重复10次。

1. 前后摆头

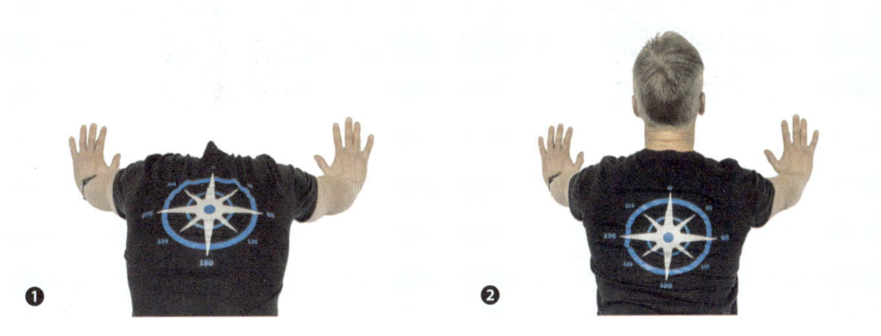

2. 左右摆头

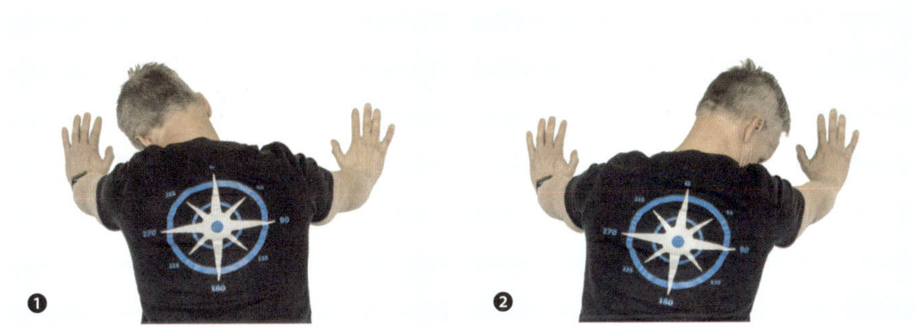

3. 头部旋转运动

03 / 自觉增强你的“身体意识”

真的存在“身体意识”这个词吗？也许并没有，这是我自创的一个概念。“正念”存在于你的头脑中，你完全可以意识到。现在有专门的机构教你如何运用它，这很棒，但我所关注的是你的身体，希望帮助你获取身体发出的信号，并且理解它们。我们的身体会给我们发出很多非常有用的信号。除了理解这些信号之外，你还需要反过来控制你的肌肉。我们就从这里开始。

如果你做过私人健身教练，有时可能会听到一些很有趣的事。比方说，你让客户做拉力练习、划船等运动，他们会跟你说感觉到了胸部肌肉的力量。这种说法是错误的，因为当你做拉力运动的时候，用到的是背部和手臂的肌肉（当然还有腹肌和腿部肌肉），并没有用到胸肌，只有推的时候才会用到胸肌。那么他们为什么会有这样的感觉呢？也许是他们在做拉力练习时伸展了身体，就会感觉到不仅仅是背部肌肉在用力，尤其当胸肌很紧张的时候，感觉就越发明显。这说明他们的身体意识很差，不知道做某些练习的时候用到了哪部分的肌肉。那么，为什么身体意识对于训练如此重要呢?

因为感知并控制身体的力量，对于完成各项运动、避免伤害非常重要。比如，我让你弯曲大腿（前部）肌肉，你不知道如何做，就说明你的身体意识很差，你这方面的能力只开发出了一小部分，也许不到50%。这就像一辆200马力的汽车，由于控制系统出了问题，踩到油门时车子能够达到的最大功率不超过100马力。

它所带来的影响不只针对身体力量方面，还会影响到你是否可以使用正确的肌肉来完成不同的动作。当然，我并不是说你要强大到可以用你的牙齿拉车。假如车子没油了，你需要用手推着它走，你会怎么做呢？拉车还是推车？或者试图用甜言蜜语哄着它自己开到几千米之外的最近的加油站吗?

假设你选择推车，那么，你的身体中哪些肌肉最强壮呢？我相信你同意我的看法，它们位于腰围以下：腿部和臀部的肌肉。当然，其他部位的肌肉（腹肌、手臂肌肉和腰部肌肉）也要用力，但是它们的力量没有那么大。大多数人在试图推动物体时都会身体前倾，低头，双臂放在头上，臀部翘起，弓着背。你发现了吧，大脑不知道如何有效地使用肌肉，让身体浪费了很多能量，甚至可能给人们带来伤害。你应该挺胸抬头，也可以稍微弯曲一下胳膊。这样，你推车的时候就会感觉更加有力。试试看吧！

身体意识就是关于人对肌肉的意识以及知道如何使用它们，这种意识需要依靠训练来获得。当你去健身房进行力量训练，或者做各项练习时，比如俯卧撑、仰卧起坐或者下蹲，就能够训练你的大脑对所有的肌肉的意识，并且知道如何适当地使用它们。你的大脑控制着一切，但是要让它发挥功能，必须让它从头部以下的身体部位得到反馈。如果你大部分时间坐在沙发上或躺在沙发上，你的大脑根本得不到这些身体部位的反馈，反而会失去对身体的控制力。这样，受到影响的不仅仅是肌肉，许多其他重要的器官也会受到影响。

在某种程度上，你被外部管理（或控制），你不能控制你自己的食物摄入量。你以前这样想过吗？被控制会让你感到不舒服吗？谁决定你吃多少？你用多大的盘子进餐？无论盘子多大，大多数人都会把盘子装满，所以买较小的盘子或许是个好主意。

为了让大脑得到你的身体发出的已经吃饱了的信号，也许你必须“重新布线”。这是指收集身体分泌的激素。你需要更加清晰地意识到自己的身体，吃饭的时候问自己几个问题：

我现在的感觉是什么？我缺乏能量吗？我现在需要多少食物？我待会儿要做什么，工作、运动、休息还是睡觉？

我感觉饱了吗？吃这些已经足够了吗？如果我已经不饿了，为什么还要继续吃呢，是心理需要吗？进食是否是为了代替别的什么事呢？不断进食的原因是睡眠不足还是需要爱？我吃东西是因为情绪低落或沮丧吗？

更加清醒地认识到自己已经吃饱了可以帮助你停止暴饮暴食，学会控制能量摄入，与良好的生活方式相匹配。

现在，让我们尝试着通过一些简单的运动来增强身体的自我感知能力。你可以在任何地方完成这些动作，甚至在工作的间隙也行，不需要去健身房，也不需要任何器械，唯一需要的就是你的身体。

练习 1：踮脚运动

慢慢抬起脚后跟，感受小腿肌肉的发力感。

练习 2：臀桥

平躺在地板上，慢慢抬起臀部，感受臀部后侧肌肉的发力感。

练习 3：向前推髋运动

左脚（或右脚）向前迈出一步，慢慢地向前推髋关节，感受髋屈肌的发力感。

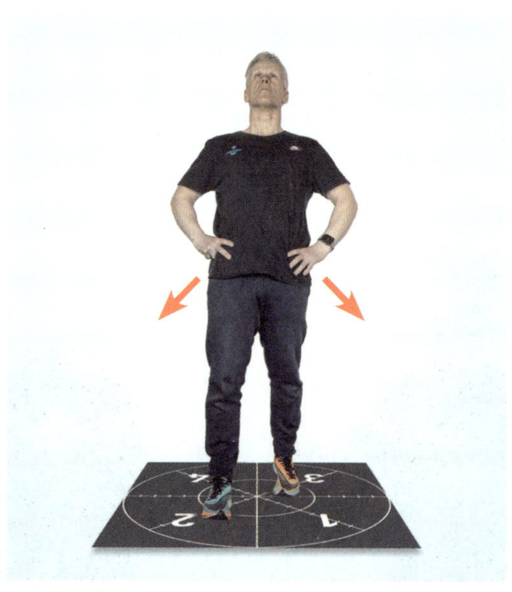

练习 4：腰部肌肉运动

双手有控制地伸向地板，感受脊椎的张力，然后再把手臂举过头顶，感受脊椎的收缩及腰部肌肉的发力感。

练习 5 ： 肩部运动

慢慢将肩部向后打开，感受背阔肌的发力感。

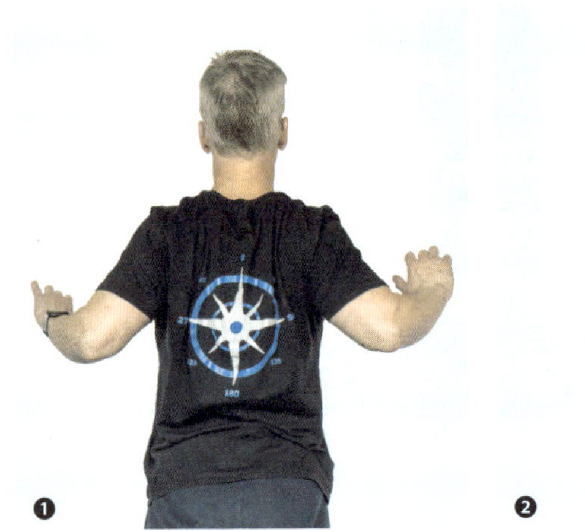

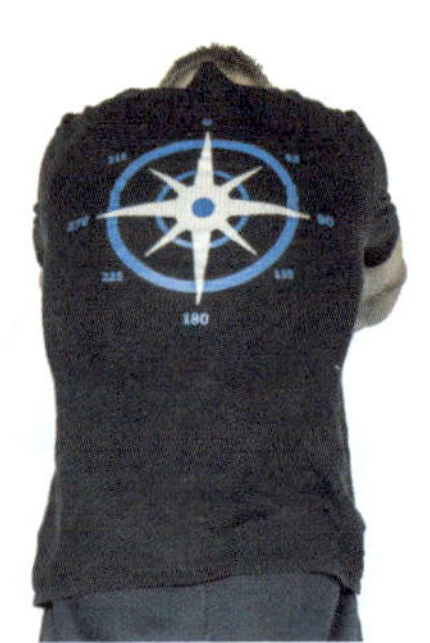

练习 6 ： 扶墙俯卧撑

慢慢地做站立俯卧撑，感受胸部肌肉的发力感。

04 / 热身让锻炼更轻松

你可能听说过，在做剧烈运动之前需要进行热身运动。也许你一直在这么做。如果你对此还不是很熟悉，我向你保证它很重要。这里所说的热身跟晒太阳或在桑拿室里感觉到温暖是完全不同的。

当你在热身时，会感到很热甚至会流汗，因为运动使你的体温升高。除此之外，你体内还发生了许多其他的变化。

1. 肌肉温度升高了

温暖的肌肉让收缩更有力，放松更迅速。这意味着你将能够更加高效地完成更剧烈的运动，也让肌肉减少紧张感，降低肌肉拉伤的风险。

2. 肌肉变得更富有弹性

激活肌肉，产生更大的肌肉力量，进一步降低了受伤的风险。

3. 血管扩张，血流量加大，心脏搏动更加有力

调动心肺，克服心肺惰性，这样也能够减少承担繁重工作量的

肌肉的压力。

4. 更有效地为身体降温，防止身体过热

出汗可以散掉部分热量，防止因运动而造成的体温升高。

5. 血液温度升高了

这会使工作的肌肉中的氧气更充足。氧气与血红蛋白的结合减弱，增加了你的耐力。

6. 增加了关节的柔韧性

促进关节滑液分泌，减少运动刚开始时，关节因缺乏润滑而僵硬或疼痛。

7. 分泌出更多的激素来产生更多的能量

这能够使更多碳水化合物和脂肪酸用于产生能量，唤醒机体，对即将到来的运动做好准备。

8. 头脑变得更加清晰

运动前的精神准备非常重要。清醒的头脑能让你更加容易集中精神。

把你的身体想象成烧烤时用的木炭烤架。人们常犯的一个错误就是在木炭的火候准备好之前就开始烧烤，结果是食物的表层已经被烤熟了，里面却还是生的。你的身体也一样。如果你在做好热身准备之前就开始锻炼，锻炼的效果就会很差，锻炼的体验也会很糟。更糟的是，也许几个月以后你就会永远放弃了高强度的锻炼。

聪明的做法是花10分钟时间做高质量的热身运动，然后再做一些适当的锻炼。我所说的“高质量”包括能够让你的身体向各个方向伸展的运动。做一些动态伸展也是很不错的，它可以帮助你着重锻炼一天中大部分时间都活动不到的身体部位。例如，如果你坐在电脑前工作，你应该做动态运动，以伸展你的臀部和胸部，因为你几乎一整天都向前弯曲着身体。在热身之后，你会感到很热或者开始微微出汗，这说明你已经做好了开始运动的准备。整个运动过程的体验都应该是积极的。如果你不热身，你的运动过程就会非常痛苦。

为了让你更容易地做适当的热身，做到以下几点对大多数人来说就足够了：

练习：拉伸运动

完成下列对脚踝、臀部以及脊柱的动态拉伸运动，注意臀部和脊柱随之自然运动。每组动作重复10次。

1. 站姿前后摆腿

2. 站姿左右摆腿

❶

❷

3. 站姿旋转摆腿

❶

❷

4. 站姿前后摆动手臂

5. 站姿上下摆动手臂

6. 站姿旋转摆动手臂

❶

❷

你真是太棒了！

05 / 疼痛不是拒绝运动的借口

我在前文中不断强调运动的重要性，在接下来的章节中，我还会进一步说明这个问题。我相信你有很多不想锻炼的理由，或许你的膝盖或者肩膀受伤了，或许你走路超过5分钟脚就会痛，或许你的腰一直隐隐作痛。这些虽然是事实，但并不能成为拒绝锻炼的借口。我知道锻炼时感到疼痛非常痛苦，我也能理解你因此失去了动力，选择坐在沙发上，其实这种情况是有解决办法的，稍后我会向你介绍。我现在想讨论的是为何人们总是喜欢强调自己的疾病，并让它成为逃避某些事情的完美借口。

你一定遇到过一些拿身体不舒服作为逃避某些事的借口的人，或者你就是其中之一？“我腰疼，恐怕不能帮你了。”“我肩膀痛，没办法举重的东西。”“我的脚受伤了，外出必须开车。”……不能运动的理由是数不胜数的，而且很多人习惯了拿这些理由作为逃避的借口。可是这种习惯真的很糟，这意味着你已经放弃了健康而充实生活。

那么该怎么办呢？其实答案很简单——调整你的身体。你的身体具有惊人的构造。它可以朝许多方向弯曲，也可以用许多不同的方式进行运动。比如，做下蹲或弓步的正确方法就不止一种。如果你做一种运动时感到肩部疼痛，也许换一种方式稍微调整一下就好了。因此，在身体不适的情况下请稍做调整，而不是完全放弃运动。如果你走路超过5分钟或10分钟脚会疼，那么你应该仔细想想你走路的姿势是否有什么问题，或者将行走的时间减少到3 ~ 5分钟。我的观点是，人们没有任何理由逃避运动。

我们观察人体的运动就可以发现，每一个动作都可以分解成十个不同的子运动。对这些子运动进行分析，你就可以更好地了解运动时应该如何完成每个动作以及身体的各个部位应该如何发力，你也更容易寻找到做不同运动的最佳方法，以避免疼痛并且对动作进行调整。下面的清单可以更清楚地解释这个问题：

1. 根据目的调整相应的运动方式

比如，为了买东西，你步行去商店；为了赶上末班公交车，你跑着去公共汽车站；为了从岩石上下来，你得往下跳。另外，如果你跑步时膝盖受伤了，为了避免疼痛你可以改为走路。因此，你可以根据要达到的目的调整运动方式。

2. 调整运动环境

运动环境是指做运动的地方。例如，你可以在跑道上、树林里或者室内跑步。环境会对你的运动产生影响。你在跑步机上跑步的速度与你在树林里跑步的速度显然不同。因此，如果在跑步机上跑步会让你脚痛，那么也许到树林里跑步你就会感觉好很多。

3. 调整身体姿态

身体姿态是指在运动时所保持的姿势。例如，你是站着、跪着、坐着，还是仰面躺着或侧身躺着运动，等等。如果你在站着举重超过你的头顶时感到腰疼，那么坐着做同样的动作可能就会感觉好很多。

4. 调整受力部位

受力部位是直接受力并将其传递给身体其他部位的某一身体部位。例如，在拳击比赛中，受力部位是手臂和肩膀。假设你本来应该做前弓步，但是你的膝盖受伤了，也许你往后撤步就会感觉好很多；或者你可以把脚向内定位，疼痛就会随之消失了。

5. 调整运动方向

运动方向是指运动时是侧身移动还是顺时针方向移动，是向前移动还是向后移动。你可以随时调整运动方向以避免疼痛。

6. 调节所能到达的高度

你能到达多少高度呢？从地板到屋顶的高度吗？也许对你来说1米都太高。你可以跳50厘米吗？

7. 调整运动距离

你能走多远？ 20千米还是50千米？你可以选择一个适合你的距离。

8. 调节负重量

你能承受的最大负重量是多少？这是最容易把控的一个因素。不要承担太重的重量，但是如果你想让自己变得更强壮，负重量也不能太小，应该选择一个适合的重量进行训练。

9. 调节运动速度

你的运动速度是多少？如果速度过快，大腿后部的肌肉会痛，这时跑慢一点儿就感觉不到了。

10. 调整运动时间

你能坚持运动的时间是多长？这也很容易调整。如果你很难坚持大负荷短时间的运动，做较小负荷的运动并延长运动时间就会让你感觉好很多。

总的来说就是，每一个动作都可以分解成十个不同的部分。你可以调整每一个部分以缓解疼痛，但疼痛或不舒服都不能成为拒绝运动的借口。

我们可以通过下面几个例子进行说明。

例 1：肩部疼痛

症状：手臂无法举过头顶，肩关节感觉疼痛。

动作	伸展强度	体位	发力部位	运动方向
站直身体，一只手抬平至肩膀高度。臀部发力，以三个维度摆动	身体极点	站立位	臀部	髋关节做左右摆动和旋转运动。如果你的疼痛等级没有超过五级，则可以进行前后摆动
高度	**运动强度**	**运动负荷**	**速度**	**持续时间**
与肩同高	中等	身体自重	慢	每次 30 ~ 45 秒

❶
❷
❸
❹

例 2：踝关节扭伤

症状：行走时踝关节疼痛。

动作	位置	体位	辅助部位	运动模式
站在镜前通过动作进行矫正。将右脚放于镜前，左脚沿镜面向外伸展	面对镜子	坐姿	眼睛	静态
高度	**运动强度**	**运动负荷**	**速度**	**持续时间**
地面	中等	身体自重	静止	3 分钟

例 3：腰部问题

症状：左右转动腰部时容易受伤。

动作	位置	体位	发力部位	运动方向
仰卧，手臂在体侧打开 90 度，然后将一条腿慢慢地做三个维度运动	地面	仰卧	腿部	上下运动，左右侧转。如果疼痛等级不超过五级，则可以进行左右旋转
高度	**运动强度**	**运动负荷**	**速度**	**持续时间**
地面	中等	身体自重	慢	每组 10 ~ 15 次

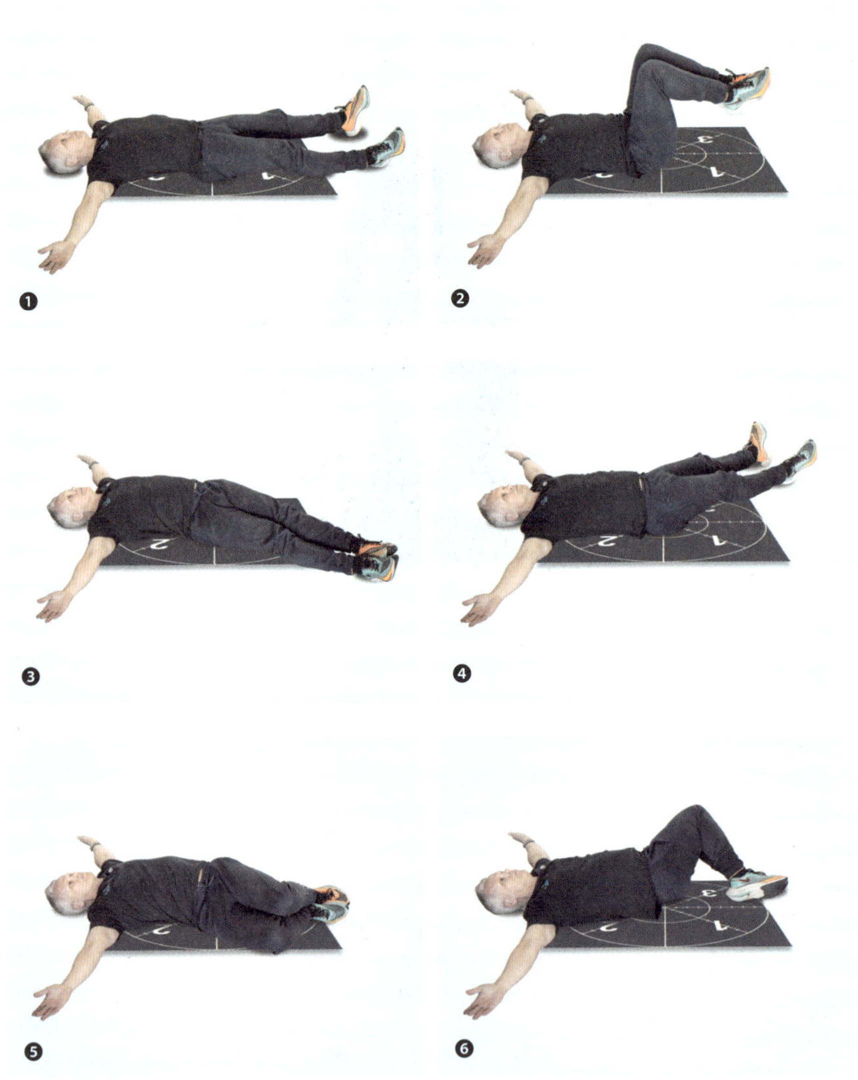

在我们继续学习之前，我想再次强调本小节的要点——正确认识你的身体，量力而行。适当的运动量和循序渐进地进行运动非常重要，这样你的身体才能逐渐适应新的挑战。

CHAPTER04

第五章

身体里看不见的敌人——压力

01 / 谁都有压力，关键是你的态度

有一项研究对3万成年人进行了长达8年的跟踪，研究人员对被调查者提出了如下问题："去年你承受了多少压力？你认为压力对你的健康有害吗？"研究人员通过公共死亡记录分析了研究对象的死亡情况。结果表明：在上一年承受了很多压力的人死亡的概率比没有承受很多压力的人高43%。然而，这个数字仅限于那些认为压力对健康有害的研究对象中。这说明那些承受了巨大的压力但并没有将压力视为对健康有害的人，不太可能因压力而死亡。事实上，研究数据表明，这些人在所有的被调查者中死亡的风险最小，其中包括那些没有承受很多压力的人。

研究人员估计，在他们追踪的8年中，有18.2万人过早死亡。造成他们死亡的原因并非他们承受了巨大的压力，而是他们认为压力对健康有害。因此，改变个体对压力的态度能够让人更加健康。

改变对待压力的态度，可以帮助身体改变对压力的反应。因此，很有必要重新思考你对待压力的态度。它让你心跳加剧吗？别担心，

这只是你的身体在为应对压力做准备。如果你呼吸急促，也没问题。这能够让你的大脑得到更多的氧气。

正常的生理应激反应一般表现为心率加快、血管收缩。这是慢性压力与心血管疾病相关的表现之一。因此，一直处于精神紧张的状态对健康是不利的。

在一项研究中，参与者被要求将压力反应看作有益的。因此，尽管他们仍然会心跳加剧，但他们的血管一直处于放松的状态，血压并没有因此升高。这是非常健康的心血管系统。事实上，它的表现就像快乐和鼓足勇气的时候一样。

对待压力的不同处理方式，会带来完全不同的结果。你可能50岁时就患上了压力性心脏病，也可能快乐地活到90岁。这就是最新的压力科学所研究的问题：你如何看待压力。下一次，当你因为紧张而心跳加剧时，你完全可以告诉自己，这是身体在帮助自己迎接挑战。当你以这种方式看待压力时，你的身体会相信这一点，对压力做出更加积极的反应。

选择以积极的态度面对压力反应，会让自己变得更有勇气。当你能够在有压力的状态下与人交往，会让自己变得更有韧性。压力使我们进入心灵深处，让心灵在与他人的交往中寻找到快乐和意义。你心跳加速，其实是在尽力为自己提供力量和能量。当你以这种方式看待压力时，你会表现得更加出色。请你告诉自己，你完全可以应对生活中的一切挑战。请记住，你不必独自面对这些挑战。理解压力能够带来的好处比刻意避免它更有益于健康。我们最好的选择是去追求生活的意义，然后坚信自己一定能够应对即将到来的一切压力。

研究人员将压力按照不同的属性进行了分类：

1. 按性质分类

按照性质，压力分为正面压力（产生积极影响的压力）、负面压力（产生烦恼等负面情绪的压力）。

2. 按强度分类

按照强度，压力分为过高压力（超强压力）、过小压力（缺乏压力）。

3. 按时间分类

按照时间，压力分为短期压力、长期压力。

有趣的是，有压力并不是一件坏事。大脑在感受到压力时会随时做好应对的准备，让身体的每一个细胞都处于高度警惕的状态，感觉到紧张。而只有在紧张状态下，我们才能逃脱猛兽的追赶，在运动中取得好成绩，或者在考试中发挥出最好的水平。

当然，不同程度的压力对人的影响也是不一样的，我们的目标是平衡生活中的过高和过小的压力，让自己达到最佳状态，适当的压力才可以带来正常且必要的生理反应。正面压力既让人感觉紧张，同时也给人带来快乐；而负面压力只会给人带来紧张、焦虑等负面情绪，人在这种压力下往往会养成不健康的生活习惯，比如酗酒、吸烟、疏于锻炼，因而也容易患上许多疾病。而短期压力，例如考试前或考试期间感受到的压力，会导致去甲肾上腺素水平（激素分泌）升高；长期压力，则既会导致去甲肾上腺素水平升高，又会导致皮质醇水平升高。如果上述激素浓度过高，就会导致血压升高并加快新陈代谢。

当你感到非常疲倦、压力过大时，除了试着减轻压力、增强锻炼之外，还可以通过一些简单的方式改善你的状况。让我们从最简单的事情做起——

调整呼吸，当生活的重压向你袭来时，大多数人都忘了好好地大口呼吸。当呼吸变得越来越浅时，身体里的每一个细胞所获得的氧气也随之减少。因此，将注意力放在呼吸上，以此放松身心，这是一种很好的解压方式。

现在，请花几分钟进行下面的练习，让我们试着深呼吸，使新鲜空气尽可能多地进入我们的身体。

◆ 坐着或躺着，尽量让自己保持最舒服的姿势。

◆ 吸气、呼气，将全部注意力专注在呼吸上。我们要做的仅此而已。

◆ 试着加深呼吸。不仅用胸腔，也用腹部帮助自己呼吸。（虽然呼吸本身不需要胃的参与，但深呼吸时胃部也会感觉胀鼓鼓的。因为在深呼吸时，胃上方的大肌肉将肺部往下拉，让空气尽量进入其中，此时你的胃就会有鼓胀感。）

◆ 将思想专注于深呼吸，鼻吸嘴呼。吸气 5 秒钟，呼气 5 秒钟。

◆ 重复 5 ~ 10 次这样的深呼吸，并感受通过呼吸放松思想，缓解压力。

◆ 如果你感觉压力明显得到了缓解，就说明你做得非常好。试着每天做几次这样的练习。

02 / 别将你的朋友变成敌人

在一家宜家门外巨大的停车场里，一个男人双膝跪下，双手紧按在胸口上，疼痛难耐，心想：“我就快死了。一切就这样结束了。”

因为当时那人正在搬运一些办公室的新家具，准备将它们装进汽车后备厢。这时，疼痛像闪电一般击中了他。然而他并没有死。几分钟后，他意识到了这一点。他设法继续搬起家具，将它们放进车里，然后开车去办公室。

一路上，他告诉自己该跟医生预约时间了。毕竟，这已经不是他第一次胸痛了，他的家人也好几次提醒他要去看医生。但在这之前，他都没当回事。除了胸口痛，他还出现过一些其他的症状，比如发热、喉咙痛、呼吸困难。每天一到下午，他就感觉很累，暴躁易怒。

当他回到办公室，放下新买的家具时，发现有些零件不见了。他顿时怒气冲冲，一脚踢开它们，家具被彻底踢坏了。他无法控制自己的愤怒，眼泪涌了出来。他跑了出去，钻进车里，开车离开。他完全被绝望的情绪压倒了。

这个情节听起来很熟悉吧？你也经历过类似的事情吗？其实，很多人都不知道如何与他们生活中的压力成为朋友。我四十多岁的时候，也遇到过类似的情况。我仍然记得自己当时是多么恐惧，以及它如何让我的生活成为地狱。过了一阵子，我去看医生，他非常认真地给我做了各项检查。其实我当时并没有什么大毛病，这些表现都是压力造成的。问题是我会开始担心自己的身体，测脉搏，感到头晕、胸痛，这只会使情况更加糟糕。我的压力越来越大，对生活的影响也越来越大。这是一个恶性循环，我需要从中挣脱出来，解决的办法就是试着与这个“敌人”和平相处。

想要使压力成为朋友而不是敌人，我们需要了解一种叫作“催产素”的激素。当你拥抱某人时，它会被释放出来，因此它又被称为“拥抱激素”。当然，这只是催产素的一个很小的功能。

催产素是一种神经激素，它能够调节大脑的社会本能。催产素使你渴望进行肢体接触，想做一些事情让关系更亲密。

大多数人并不了解催产素是一种应激激素。跟肾上腺素会使人心跳加速一样，它也是压力反应的一部分。

在应激反应中，催产素促使你寻求支持，它让你将感受告诉别人而不是将其封存起来。你的压力反应试图确保让别人注意到你正在遭受的痛苦，让人们互相扶持。

催产素不仅作用于你的大脑，还作用于你的身体。它在身体中的主要作用之一是保护心血管系统免受压力的影响。它是一种天然的降压药，能够帮助血管在压力下保持放松。催产素有助于心脏细胞再生和治愈压力引起的一切损害，增强心脏功能。

但是，催产素的这些生理作用必须通过与人接触和人们之间的相互支持才能发挥出来。与人进行交流和接触会使血液中的催产素水平升高，带给人一种满足感，从而减少焦虑，感到平静和安全。当你在压力下与他人交往时，会释放更多的激素，压力反应会因此变得更健康，你也能更快地从压力中恢复。也许这就是为什么有的人说关心别人是给自己的礼物，永远不要停止给予。

人的身体具备压力自我调节机制，也就是人与人之间的相互关爱。关爱他人创造了韧性，消除了压力带来的负面影响。你对压力的不同看法以及不同做法可以给你带来完全不同的感受。选择以积极的态度面对压力反应，会让自己变得更有勇气。当你能够在压力下与人交往，你会变得更有韧性。

彼得，就是前文中的那个丹麦男人，他做了18年的独立承包商。2009年，他与妻子离婚，摆脱了一段不愉快的婚姻关系。这使他承受了很大的压力。不久之后，他的公司因金融危机遭受了沉重的打击，第一次遭受亏损。通过长时间的艰苦努力，他终于在2010年扭转了局面。然而，虽然公司已经转危为安，但是彼得自己的身体却并没有好转。

在公司扭亏为盈后不久，彼得由于紧张和焦虑产生了严重的健康问题。在一次去见客户的路上，他又一次胸痛。他决定给医生打电话，他的医生想为他叫救护车，但他自己开着车去了医院。

到了医院，他因为疑似心脏栓塞而入院。然而最终的检查结果没有显示任何严重的健康问题。彼得的血压非常正常，即使他已经43岁了，血压仍然是25岁的水平。

当晚，另一位医生告诉他，他们在他的主动脉上发现了一些东西，建议他进行手术。这对他而言是一个沉重的打击。

在接下来的几天里，医生们不确定他到底哪里出了问题。他们不断地让他接受各项检测，用硝酸甘油扩张他的血管。五天之后，他们告诉彼得，他的身体并没有什么问题。他们让他回家，但是并没有告诉他，他的症状很可能是由压力引起的。从医院回来之后的很长一段时间里，彼得一直感到不适——浑身痛。

几年之后，他卖掉了自己的公司——这桩从未真正给他带来过享受的生意。从那以后，他不适的症状渐渐消失了。彼得不需要医生，只是需要有人告诉他，正是他的工作和压力造成了这一切的痛苦。

也许到目前为止，你还没有遭遇诸如不良的关系或失去亲人这样会给你的人生带来重大打击的事故。一旦你遇上了这样的事，身边又没有人能够给你一个拥抱，分担你的烦恼，你就得不到所需要的催产素激素来对抗这些负面影响。这种感觉就像在波涛汹涌的海上航行。只要你的船不出状况，一切都安然无恙；但是当它开始漏水时，你就遇上大麻烦了，这很快就会成为生死存亡的问题。将压力变成你的朋友，让它成为促使你向前的动力，发挥出你的最佳状态吧。在人生旅途中，你需要一艘坚实的船。否则，压力将会成为你最大的敌人，对你的健康造成很大的损害。

我年轻时在事业上斗志昂扬。刚刚开始我的第一份工作时，我很快就取得了成功。在短短几年之间，我升职不少于四次，而且做得很好。然而，随着我的升职，工作突然发生了很大的变化。我从一家盈利的公司到了一家处处都充满不确定性的公司。我当时非常惶恐，不得不为了维持我的工作在财务上做出许多让步。

面对持续不断的压力，我感到力不从心。久而久之，我的生活受到了严重的影响。工作中遇到的问题始终在我的脑中挥之不去，我变得心烦意乱、喜怒无常，总是感到悲观和乏力。我试图独自面对所有的烦恼，但是挫败感与日俱增。我跟外界的接触越来越少，带来的后果是工作让我愈加痛苦，而人际关系也愈加糟糕。

我对于工作的热情一扫而空。当我跌到人生谷底时，我知道自己必须做出选择，我必须想办法让自己的生活和工作恢复常态，我必须重新找回自己，找回那个朋友、家人熟悉的自己。

对我来说，要做的第一步就是了解自己当时的感受，以及负面情绪背后的真正原因。抑郁、焦虑和压力测试使我能够识别和测量自己的情绪，让我能清晰地表达和理解这些消极的状态。这样的理解使我能够有效地管理自己的情绪并寻求正确的帮助。

大量的文献表明，重大生活事件，特别是那些涉及人际关系损失和社会排斥的事件，是抑郁症的重要诱发因素之一。事实证明，这些压力源不仅会导致抑郁症，还在一定条件下与各种健康问题的发生或发展有关。这些条件包括一些通过炎症介导的疾病，如哮喘、类风湿关节炎、心血管疾病、慢性疼痛和某些癌症等。因此，人们现在倾向于认为压力与炎症有关。

那么，面对压力，我们平时应该注意些什么呢？也许下面这个故事会告诉我们答案：

一位智者曾经告诉一个人，如果他想避免压力，最好在洞穴里冥想度过余生。但是没过多久，这个人就从洞穴里出来了，原因是洞穴中的滴水声让他发疯，他完全无法忍受这个声音。

这让我们得到一个启示：无论我们做什么都不可能逃避压力，压力无处不在。解决压力的办法不是回避它，而是学会如何与之相处。

03 / 压力之下，如何轻松入眠

据2017年流行病学调查，美国的失眠人数占总人口的35%。压力会影响睡眠质量，它使人处于挣扎或逃避的心态中。人们的身体会对现实或想象中的潜在危险做出反应，使呼吸更快、更浅，肌肉绷紧，血压升高，心跳加速。这些生理现象都不利于放松，进入睡眠状态。

那么该怎么办呢？当你入睡困难时，肯定想解决这个问题。如果我只是简单地告诉你不要那么紧张，根本没用。生活有时候就是一场战斗，有太多的事情需要完成和担忧：需要支付的账单、失业、孩子、不好的人际关系、难以应付的房东等。显然，有很多原因会导致你失眠。

如果轻松入睡是一件奢侈品，那么它是富人的特权吗？答案是否定的。其实，不需要花费任何费用，你就可以实现睡眠正常，解决的办法是专注于你的呼吸。当你晚上躺在床上的时候，只需集中精力。长期的压力使你的呼吸变浅，有时甚至让你屏气，你因此得不到足够的氧气。这时请尝试使用深呼吸和缓慢呼吸的方法，同时注意吸气和呼气的方式。如果你尝试一下，我相信你会掌握窍门，很快地进入梦乡。

你可能觉得这还不够，因为这种方式虽然听上去非常简单，但不一定每次都奏效。如果你入睡时感觉紧张，总是绞尽脑汁地寻求各种解决办法，反而会让肌肉更紧张，使你很难将注意力集中在呼吸上。其实很多人都是如此，一开始感觉很难做到，难以集中思想，呼吸也无法保持平稳。这很正常，但面对生活中种种艰巨的任务，我们必须一步一步地来，不断地尝试。就像训练肌肉一样，大脑也需要足够的时间进行训练。如果一开始你觉得很难放空大脑，那就试着凝神冥想吧。这是一种很好的方法，你可以想象未来的生活，一些美好的、让你感到安慰的东西，同时尝试缓慢的深呼吸，让你的身心放松下来。每天试着这么做，经过一段时间，你的紧张感一定能够得到缓解，很快入睡。

帮助快速入眠的另一个重要方法是加强运动。有研究证实，运动有助于改善睡眠质量。仅需10分钟的有氧运动（比如散步），就能显著改善睡眠质量。如果你每天保持半小时到一小时的运动量，消耗掉一定的热量，那么在身体疲劳的同时，压力也得以减轻，不但可以帮助你很快入睡，还能让你进入熟睡状态，让身体得到充分的休息。如果你能在户外锻炼，让身体吸收阳光，效果会更好。你的身体是一台精良的机器，它不但需要食物和睡眠，还需要被使用。身体每天都进行锻炼，这样它才能处于最佳状态。“锻炼它，否则将失去它”同样适用于睡眠——锻炼我们的身体，否则我们将被失眠困扰。

虽然运动和睡眠有很大关系，但运动对睡眠的影响不会起到立竿见影的效果，它需要一定的时间才能发挥作用，可能坚持8—12周，你的锻炼才能让你的睡眠质量有所改善。相反，睡眠质量不好，却会直接影响运动效果。如果你经常锻炼，对此一定能够理解。

和减肥一样，我们不能指望一蹴而就，锻炼并不是解决睡眠问题的捷径，但是只要坚持，我们的睡眠质量就一定能够得到改善。不懈努力的人才能取得最终胜利，认真对待生活的人才能让生活变得更加美好。

第六章

疼痛的真相

01 / 身体组织变化必然导致疼痛吗

一项研究表明，没有感到背部疼痛的人，他们的背部组织发生变化的概率也很高。而在此之前，背部组织变化一直被认为与背部疼痛有关。所有组织变化的共同点是，它们会像白发和皱纹一样，随着年龄的增长而增加。人的背部组织会发生许多变化，引发各种疾病，在这里，我们先来关注其中两种情况——脊椎炎和椎间盘突出。

20岁的人中，有37%患有脊椎炎症，而80岁的人发病率为96%；20岁的人中，椎间盘突出的患病率为29%，而80岁的群体患病率则为43%。这两种疾病以及其他一些组织变化在没有感到疼痛的人中也被发现，我们能够由此说，这些组织变化不必然导致疼痛。另一项研究也得出了类似的结论，研究人员调查了膝关节疼痛和膝关节不疼痛的人，观察他们的软骨损伤、半月板损伤等组织变化的比例。所有研究对象都接受了核磁共振检查，结果发现疼痛组的人发生组织变化的比例为90% ~ 97%，而非疼痛组为86% ~ 88%，两组之间的差异非常小。因而可以说，疼痛问题和身体功能障碍之间并不存在必然联系，疼痛很有可能只是一种社会心理现象。

让我们用一种更简单的方式来解释这个问题：越是无法消除的

长期疼痛，由组织损伤引发的概率就越小，由生活中其他因素引发的概率则越大。疼痛是正常和真实的，但是当疼痛持续的时候，身体的健康状况就会受到影响。不过，这并不是完全没有益处的，这会使身体过于敏感。人们将这种现象称为“过度保护”或神经系统的“过激反应”，表现为疼痛比以前发生得更早、更加频繁或更加剧烈。另外要明确的是，疼痛不仅受到身体的影响，还来自精神的影响，如睡眠和精神压力等。它不仅仅与肌肉、肌腱和组织有关，还关乎生活中的一切。

橄榄球运动员在运动中受伤，大部分是由于极大的精神压力。专业的芭蕾舞演员也是如此，紧张、焦虑、沮丧和抑郁程度越高，受伤的风险就越大。同时，睡眠质量差、睡眠不足也会增加受伤的几率。我们可以将疼痛看作从杯子里溢出的水，杯子里可能装着各种各样的液体：水、可乐、柠檬水、啤酒、葡萄酒、果汁，等等，就像影响我们身体健康的各种因素一样，如情绪、各种社会因素等。在正常情况下，我们的身体承载着这些液体，它们不会溢出“杯子”，我们也不会感觉疼痛。但是如果其中某个因素高于正常水平，比如突然遭遇某种压力，或生活突然发生重大变化时，就像水从杯子里溢出一样，我们的身体就会感觉疼痛。换句话说，疼痛是多种因素共同作用的结果，尤其是那些慢性疼痛。当一个人无法承受或者适应生活的变化时，疼痛就会随之而来。我们每个人的“杯子”中都承载着身体、心理以及各种对健康造成影响的社会因素。

如果你希望免遭痛苦，唯一的办法就是不要让杯子里的水溢出来。我们可以通过两种途径达到这一目的：

- 将杯子里的水倒出来一些。
- 换一个更大的杯子。

当我们讨论心理和社会因素对健康的影响时，很多人会误认为这是一种心理作用，也就是想象或者幻觉。但事实并非如此，身体原因不是导致疼痛的唯一因素，睡眠、情绪和思想也会不同程度地导致疼痛。这并不意味着疼痛是人想象出来的，也不能说明这些疼痛不真实。相反，疼痛是一种真实的感受，不仅仅存在于人的意识中。我们告诉自己放轻松，并不会使痛感自动消失，没有人可以仅仅依靠意识来消除疼痛。

如果你在转动脊椎时感到疼痛，建议你尝试以下练习，从前后或左右两侧运动上半身。

练习 1： 左右转动上半身

打开双脚，保持站姿，左右转动上半身。注意在整个练习过程中保持背部挺直。每个方向重复10次。

❶

❷

练习 2： 前后移动上半身

保持站姿，右脚（或左脚）在前，慢慢地前后移动上半身。每只脚重复10次。

练习3： 左右旋转手臂

保持站姿，右脚（或左脚）在前，抬起左臂与肩同高，左右旋转手臂。每只脚重复10次。

然后，你可以慢慢地增加一些旋转的动作。但需要注意的是，当你进行锻炼时，疼痛等级一定不能超过5级（见疼痛级别评分表，本书第4页），而且锻炼结束之后疼痛强度也不能够增加。

如果你的脊椎在三个维度上都感到疼痛，那么你可以以站立的姿势慢慢地在各个方向摆动你的右腿或左腿。你可能并没有注意到，右腿或左腿运动时，脊柱以及周围的区域也会随之运动，因为身体是一个整体，各个部分是有机地连接在一起的。

02 / 疼痛有时候是幻想出来的

你知道吗？红头发的人比金色或棕色头发的人更能忍耐疼痛。我猜你可能在想："那么我需要去染头发吗？"

爱因斯坦曾经说："如果一件事情你不能向一个六岁的孩子解释清楚，你自己也不会理解。"因此，让我假设你是一个六岁的孩子。而我，则是一个正试图向你解释一些事情的成年人。

请将你的身体想象成一个房间，里面安装了一个警报系统——疼痛。它的作用就是保护你的身体。

假如你被热水壶烫到了手，报警装置就会响起，就像小偷闯进了你的房间一样。你会在身体受到伤害之前将手拿开。几天之内，你会感觉到疼痛。然后，伤口会慢慢痊愈。警报系统就是这样工作的！

然而，虽然伤口愈合得很好，但是你仍然会感觉很疼。即使此时已没有理由，警报系统却还在工作。就好像你房间里的警报系统出了故障，虽然几千米之内都没有盗贼，但是它仍然在报警。

在这里，警报就是一种慢性疼痛，它的这一作用被称为"敏化"。即使周围没有"窃贼"（组织损伤），它也会持续报警。这就是慢性疼痛通常的作用。

我们的体内虽然没有疼痛受体，但有可能遭受危险。当你摔断腿或受伤时，身体各个部位都有可能遭受危险。身体组织会向你的脊柱传递危险信号，然后传递给你的大脑。

大脑处理这些危险信号并且决定应该采取的相应措施。但是，大脑为了做出正确的决定必须调用之前的记忆。它必须弄清楚：自己曾经遇到过类似的情况吗？它会给自己带来伤害吗？答案取决于各种各样的因素：之前的经历、财务状况，以及是否有一个充满爱的家庭等。这一切都归结为一个答案：这对自己来说危险吗？最后，大脑将会得出一个结论。

但在某些情况下，你不需要危险信号也会有痛觉体验。以幻肢痛为例，有些被截肢的人虽然腿不可能接收任何危险信号，但也会有神经痛感。这种情况就像是没有找到盗贼的行迹也可以发现盗贼一样，产生这种现象的原因是在这些截肢者的大脑中仍然有腿部的记忆存在。截肢者的情况就好比房间里的警报系统失灵了，再也无法对入侵的窃贼进行报警。这一切都存在于他们的脑海里。虽然如此，但是存在于大脑里的痛觉会因此而变得不真实吗？不，它只是无法通过核磁共振扫描出来而已。

心理和社会因素往往是我们疼痛的诱因。因此，我们应努力让自己在生活中保持良好的状态，尽可能地与家人保持融洽的关系。我知道外界可能会让你感到痛苦，但请尽量慢慢地去改变，将内心的重担放下，多多关注可以让你内心愉悦的事物，去感受生活中的美好，爱你所做的一切，激发大脑分泌的内啡肽——它是人类天然的镇痛剂！

你的身体能产生比药店里出售的任何药片都更有效的止痛药。当你对疼痛有足够的了解，并且能够充分享受生活时，这些天然的止痛药就会释放出来。我并不是说你可以立刻快步如飞，但至少能够迈出小小的一步。

洛里默·莫塞利教授曾经讲述了一个关于他在澳大利亚的好朋友的故事。

他的这位朋友总爱在周六进行徒步旅行。有一天，当他走到湖边时，感觉右腿擦伤了。因为之前经常有这类小伤，因此他当时并没有在意。他的身体经历是这样的：危险信号从他的腿传到他的脊椎，脊柱将信息传递给大脑。大脑得出的结论是，因为他之前经常遇到这种情况，但都不严重，因此这种情况没什么大不了的，这只是一根树枝的划痕而已。

于是，他来到湖边，准备游泳，然后就倒在了地上。其实，那条“划痕”是被一条毒蛇咬过的伤口。几天后，他在医院里醒来。运气真好，他活了下来！

出院几周以后，他又走在同一条路上。你能猜出接下来发生了什么吗？这次他感觉左腿擦伤了。他的身体经历为：危险信号从他的腿传到他的脊椎，脊柱传递给大脑关于划痕的信息。大脑这次得出的结论是，上次发生这种情况的时候差点儿死掉。这很危险！不能继续走路了，伤口非常痛。

他停了下来，倒在地上，痛得大叫起来。他查看周围是否有毒蛇，但并没有找到。然后，他观察自己的腿，预感会发现一条蛇正攀附在上面，但是也没有看到。他所看到的只是一个擦痕，一个被一根小树枝擦到的伤痕！他环顾四周，确保没有人看见他。真是令人尴尬！

这是一个真实的故事。它完美地诠释了前文中提到的大脑是如何解释人的处境的过程。大脑收集对类似情况的记忆，并基于这些记忆来进行判断：这对我的身体有害吗？如果答案是肯定的，就有可能产生疼痛的感觉；如果没有，通常就不会感到疼痛。

让我们记住尼尔·皮尔森（哥伦比亚大学教授，瑜伽治疗师）对于疼痛的理解：“你对事物的认知会对神经系统产生强大的影响。对疼痛神经生理学的了解有助于我们减少疼痛，提高运动能力，减少对运动的错误认知。”

03 / 常被误解的全球性疾病——腰痛

想要维护好你的身体，你只需要从三方面入手：吃好、睡好、坚持运动。但这说起来容易做起来难。也许你的饮食和睡眠都很健康，但疼痛却让你无法活动，尤其是腰痛，几乎是妨碍人们运动和日常活动的罪魁祸首，60%的人都认为运动的风险大于它所带来的好处。这个惊人的数字是怎么来的呢？我稍后会跟大家分析其中的原因。

有多少人曾向你抱怨自己腰痛？或许你自己也正遭受着腰痛的折磨。如果是的话，本节的内容正好适合你。腰痛患者非常普遍，以至于我们的医疗系统在这方面的投入比在糖尿病和癌症上的投入更大。腰痛困扰着许多人，为了治疗腰痛，他们花费了许多精力和财力。事实上，许多人为此不得不放弃工作待在家里。关于腰痛，以下有一些常见的错误的观点：

- 67% 的人认为腰痛时应该休息。
- 94% 的人认为提重物时不弯曲膝盖容易让腰受伤。
- 59% 的人认为身体疼痛时应该避免任何活动。
- 35% 的人认为卧床休息是最好的疼痛治疗方法。

尽管如此，还是有很多关于腰痛的有效疗法。北爱尔兰一些著名的治疗腰痛的专家发布了以下清单来阐明这一全球性疾病，以给人们启示：

1. 腰痛是常见和正常的

80%的人都曾经历腰痛。这就像疲倦或悲伤一样平常，对人体并没有很大的危害。但是如果长时间地持续腰痛，则需要引起重视。不过，它通常会在几周内好转，3个月内痊愈。

2. 在一般情况下，不需要进行核磁共振扫描

也许医生会建议你进行核磁共振扫描，但只有不到5%的扫描结果显示出现问题。那为什么还要去做呢?

3. 核磁共振成像的结果通常会有某些健康提示

核磁共振成像的结果通常会有某些健康提示，比如腰椎间盘突出、脊椎退行性变等。许多人虽然并不感到疼痛，但当他们拿到这样的报告时通常会感到紧张，害怕由此带来的痛苦，因而尽量避免健康的体育锻炼。

4. 你的腰痛不一定是损伤引发的

许多人腰痛，但核磁共振扫描的结果并没有显示出任何损伤，可见腰痛不一定是损伤引发的。

5. 卧床休息对腰痛没有任何帮助

一旦你运动时感到腰痛，就会卧床休息，以避免痛苦，就像你的脚受伤

之后，就会尽量避免让它承受任何重量一样。然而，最好的治疗方法是尽快恢复正常的活动，卧床休息只会使情况恶化。事实上，待在床上的时间越长，你的腰痛就会越严重。

6. 不是疼得越厉害，就意味着损伤越严重

也许这听起来很奇怪，但两个身体损伤完全相同的人，对疼痛的感受往往相去甚远。有很多因素会影响人们对疼痛的感受：情绪，之前关于疼痛和焦虑的经历，身体状况和精神压力，等等。

7. 在一般情况下，不需要进行手术

事实上，从长远来看，训练和锻炼对疼痛的治疗同样有效，并不需要进行手术。

8. 背包并不危险

背包实际上是一种很好的锻炼。你不必为孩子每天背着书包去上学而担心。

9. 没有所谓的正确或错误的坐姿

没有所谓的正确或错误的坐姿，你应该做的是避免久坐，最好每隔一小时起身走动一下。

10. 弯曲腰或弯腰抬东西不会对你的腰造成伤害

你应该多做弯腰运动。力量训练是很好的锻炼，能够让你的腰更加强壮，偶尔感到有点儿痛没有大碍。弯腰拉伸可以增强身体许多部位的力量，

尤其是腰。别害怕，大胆去做吧！

11. 如果腰受伤，不要避免身体活动

当腰受伤时，不要避免身体活动。相反，你应该更加积极地运动。如果你因为试图保护你的腰而改变了你的日常行动方式，反而会让疼痛加剧。

12. 充足的睡眠很有必要

睡眠质量不好会加剧腰部的疼痛。你应该尽量保证充足的睡眠。

13. 运动对你的身体有益，永远不要停止运动

坚持步行、爬楼梯、骑自行车、跑步、拉伸和力量训练，不要害怕疼痛。它可能并没有你想象中那么危险。

14. 慢性腰痛是可以好转的

如果你遵循正确的建议，把腰痛视为一种不危险的自然状态，它通常都会好转，即使是慢性腰痛。

现在你已经知道了，你的腰完全能够承受你本来刻意避免的许多事情。腰痛没什么大不了的，是时候做一些重体力活了。加大主要关节的负荷可以减少疼痛，增强活动能力和力量，还能增强你的骨骼系统。脆弱的骨头更容易断裂，因此，如果你不想骨折，那么是时候做一些重体力活了。

我的腰从来没什么大毛病。当然，我也经历过几次腰痛，但总是能够设法通过一周或两周的锻炼摆脱它。然而6个月前，当我在进行力量训练时，我右边的腰突然受伤，所幸不是很严重。在接下来的几个月里，每当我清晨

醒来时都感觉疼痛和紧张。如果当时跟着直觉，为了避免疼痛，我一定会停止力量训练。但我并没有。随着我继续训练，疼痛消失了。这是一个悖论，正是引起疼痛的训练反过来治愈了疼痛。那么，为什么大多数人在感到疼痛时会避免运动呢？是出于本能，还是仅仅因为别人一直告诉我们应该这样做呢？

让我问你一个问题：如果你出去散步，突然绊到了石头或者别的东西，伤了脚踝，那么在接下来的几周或几个月里，你会停止走路吗？可能不会。很少有人会因此几个星期或几个月坐在轮椅上。你最有可能的是休息几天，直到肿胀消失，然后就开始重新走路了。大多数人都是这么做的。那么，当你的腰受伤时，为什么就要表现得不一样呢？脚踝受伤和腰受伤有很大的区别吗？不，其实并没有。但许多人的表现却不是这样。

你肯定听到过很多人说："我腰疼，起不了床了。"这是一个很好的借口，对吧？它能让人逃避很多事情。但这仅仅是一个借口吗？可悲的是，不。大多数人是认真的，他们害怕用腰，怕对它造成更大的损害。这是一种错误的认识。如果你的脚踝受伤了，就用你的腿。让脚踝休息一两天，然后再使用它。也许一开始并不能够完全用力，但你可以试着让它尽快恢复正常。这并不危险，而且对你的康复至关重要。

这里有一些很好的锻炼方法，可以帮助大家治疗和预防背部疼痛：

练习1：单手握哑铃旋转

右手（或左手）握住哑铃，保持与肩部平齐。如果是右手握着哑铃，右脚则向左旋转，同时将哑铃伸到左膝外侧，反方向做相同的动作。注意在整个练习过程中伸直双腿，脊柱、臀部和膝盖随着手臂自然运动。左右手各重复该动作10次。

❶

❷

练习 2 ： 双手握哑铃下蹲

右脚（或左脚）向前迈出，双手握住哑铃。上身前倾的同时屈膝下蹲，使脊柱弯曲。注意在整个过程中保持后脚的脚跟离地，将重心放在前脚一侧的臀部。保持双脚站立姿势，重复该动作10次。

❶

❷

练习3：双臂举哑铃做侧弓步

从中立位置开始，双臂举起哑铃。然后迈出右脚向右方做侧弓步，手臂同时在头顶上方向相反方向运动。注意将身体重心放在右臀部，左膝保持挺直，同时在整个练习过程中保持上身挺直。然后收回右脚做左侧弓步，手臂在头顶上方做相对运动。如果动作正确，左侧髋部和脊柱外侧将产生明显的伸展感。右腿结束后，左腿重复上述同样的动作。左右腿各重复该动作10次。

练习4：单手握哑铃屈膝

双脚分开站立，比肩稍宽，单手握住哑铃。屈膝，将哑铃慢慢放落在两腿之间。当哑铃接触地面时，将其拉回起始位置。注意运动过程中保持背部挺直。交替双手，重复该动作10次。

练习5： 侧卧单臂摆动哑铃

侧卧，小腿弯曲90度。向左侧卧时用左肘撑地，右手握住哑铃，然后将哑铃左右摆动。注意脊柱和臀部随着手臂自然运动。两侧各重复该动作10次。

练习6： 四足位伸臂运动

双手和膝盖撑地，保持四足位。在两腿之间将左（或右）手臂向下移动到头顶上方，臀部及肩膀随着手臂自然运动。注意整个运动过程中保持脊柱挺直。重复该动作10次。

练习7：俯卧撑

重复该动作10次。

04 / 正视慢性疼痛

哈利喜欢踢足球，与朋友和家人之间一年一度的比赛是他非常期待的事情。但几年前，哈利的大拇指在比赛时被球狠狠地打中。他当时虽然觉得很痛，但并没把它放在心上。他确信情况会慢慢好起来，疼痛最终会消失。然而事实并非如此，疼痛一直伴随着他，最后变成了一种慢性疼痛。他想尽办法，但始终没有好转。这大大降低了他手的功能，也降低了他的生活质量。他再也无法享受在花园里工作的乐趣，也干不了什么体力活了，而这些都是他曾经最喜欢做的事情。

急性疼痛是怎样转变为慢性疼痛的，这至今仍然是个谜。两个经历完全相同的受伤者，很有可能其中一个人的伤口很快愈合了，而另一个人却不得不承受多年的病痛。后者即使伤口痊愈了，大脑仍然对这种疼痛的经历记忆犹新。

一旦疼痛发生，我们没有很多好的选择。那么该怎么办呢？这是个大问题。如果你患有像哈利这样的慢性疼痛，我想你需要的是有效的帮助，而不是了解什么是无用的途径。

要了解慢性疼痛，你需要了解疼痛和记忆之间的联系。像慢性疼痛这样痛苦的回忆会在你的大脑中挥之不去，但想要消除这些痛苦的记忆也不是完全不可能的。研究表明，可以使用神经化学的方法擦除记忆来消除慢性疼痛。

根据美国国家补充和综合健康中心（NCCIH）的知名研究人员的报告，美国有多达20%的人曾经患有慢性疼痛。疼痛可能是我们最害怕的一件事。你可以问问自己和周围的人，大多数人最可怕的事就是要一直忍受某种疼痛，似乎人们对疼痛的恐惧甚至超过了癌症或瘫痪。

纽约大学的研究人员发现了一种用茴香霉素的化学物质擦除记忆的方法。这听起来像科幻电影中的情节，但是，这种化学物质确实能够阻碍神经元需要的形成记忆的受体的产生。

在实验室里，他们在老鼠身上做了尝试，老鼠的记忆被完全抹去了。问题是人们需要选择正确的地点和适当的时间。如果有可能通过从大脑中消除慢性疼痛来治疗慢性疼痛，将可能挽救成千上万的生命。

社会上流传着一些与慢性疼痛有关的谬论，这反映出人们面对自己不太了解的情况总想找到解释，并乐于与那些想倾听的人分享他们的“知识”。以下是关于慢性疼痛的五个常见的错误认识：

1. 疼痛只存在于人的头脑中

这种说法暗示人们疼痛之所以产生，是因为他们的软弱、焦虑、抑郁或抗压能力差。这是一种错误的认识。你的每一种感觉，无论是寒冷、温暖、瘙痒还是疼痛都是由大脑产生的，由大脑对它们进行定义，但这并不意味着这些感觉都是凭空想象出来的，是虚构的。

疼痛是一种真实的感受。你会感觉到它们的产生是因为你的大脑处于保护模式，并且认为你的身体受到了某种威胁。如果大脑接收到足够的危险信号，就会产生疼痛感。恐惧、焦虑或抑郁可能会增加你的疼痛感，使疼痛持续，但这些感觉通常只有在慢性疼痛开始后才会发生，而不会事先产生。所以可见，疼痛只存在于人的头脑中的说法是跟事实不相符的。

2. 药物是唯一的治疗方法

这也是错误的认识。还有其他治疗疼痛的方法，可视化就是其中之一。你的大脑从很多不同的方面接收到关于你身体的信息——感觉、视觉、听觉等。所有这些信号都将发送到你的大脑，信息将被合成。这就是人体对外界感受的美妙之处。

向大脑传送的信息来源，比如视觉，可以改变另一个来源所传递的信息，比如危险信号。以运动为例，你在运动时会向大脑发送信号，但也会设计行为疗法来减少对运动的恐惧。

知识也是强大的，这正是本书有作用的原因。重要的是理解疼痛不是组织损伤的表现，或者损伤的严重程度。可以说，它们是不相干的。正念疗法也是有效的，它可以帮助你承认痛苦，并允许它过去，而不必关注负面情绪。

3. 组织损伤越重，意味着疼痛越严重

信不信由你，即使没有损伤，你也能体验到疼痛，反之亦然，你有可能受伤但感觉不到疼痛。我确信你曾经被擦伤，但并不记得自己是何时受的伤。疼痛不能准确地指示组织损伤。

如果你经历慢性疼痛，损伤可能会在很长一段时间后才能痊愈。神经系统会变得过于敏感，向大脑传递的信号则会被放大。这意味着运动连同焦虑

一起向大脑传递出一个强烈的信号，但其实这个运动本身可能并没有任何危险。

4. 做扫描检查确定疼痛的来源

我确信如果你经历过疼痛，你肯定听说过X光片、核磁共振或CT扫描这些检查项目，尤其是当你经历过腰痛。当然，在有些情况下我们确实需要进行扫描检查（比如患有肠或膀胱功能的问题，或者经历了意外事故），但在大多数情况下，进行这些检查就是浪费时间和金钱。

事实上，这些扫描检查往往被过度使用。如果检测到的变化与疼痛无关，还有可能会带来更多的疼痛。有证据表明，超过一半的没有腰痛的人群，他们的腰椎间盘受损，30 ~ 40岁之间的人的腰部会有明显的变性（关节炎）症状。尽管如此，他们一点儿也不觉得腰痛。

扫描检查会告诉你哪里有问题，但你不会感觉到。事实上，腰痛的人在早期MRI（核磁共振成像）中的检查结果比不做的人差。仔细想想，最坏的情况是，你可以接受你不需要的医疗治疗。一个糟糕的核磁共振成像（显示你有退变的类型）可能会增加你的恐惧并导致疼痛，使它变成一种慢性疼痛症状。

5. 只需要咬咬牙就能止痛

这不是真的，咬咬牙并不起作用。事实上，斯多葛（一个学派，主张“美德即幸福”“情感源于主观判断”“顺应自然地生活”，这里主要指第三点）人可能遭受更多的痛苦，因为他们不太可能寻求帮助。如果你一直拖着不去看医生，在接受治疗之前，问题可能会变得更严重。治疗慢性疼痛比急性疼痛要困难得多。

你需要知道的事实可能是你不愿知道的。

你现在应该知道疼痛是一种情绪和感觉体验，与组织损伤或潜在的组织损伤有关。慢性疼痛持续3 ～ 6个月，使用普通止痛药并不起作用。

在美国进行的一项研究表明，有13%的劳动者由于疼痛而不能胜任工作。他们的工作表现很差，主要的问题是肌肉骨骼疾病。

你能猜出是哪种类型的工人有这种情况吗？对，没错，他们大部分工作时间都是在久坐中度过的。经历过疼痛的工人平均每周比感觉良好的工人少工作4.6小时。头痛导致每周工作时间减少3.5小时，关节和关节炎疼痛导致每周损失5.5小时。这是巨大的损失，确切地说，是612亿美元的经济损失。

事实和知识都有可能以好的和坏的方式起作用，而很多人选择后者。说明以上的事实，并不是要鼓励解雇那些患有慢性疼痛的人，优秀的工人很难找到，他们应该得到良好的关照。久坐才是害群之马，应该在所有的工作场所被消除。

一些简单的体育运动有助于缓解甚至治愈疼痛，经常活动可以减少对疼痛的敏感度。

为什么说适当的运动远胜于止痛药？

很多人在精神或肌肉紧张而引起疼痛的情况下，会服用止痛药。每六小时服用一片，可以有效缓解头痛或腰痛症状。但最近在丹麦和法国有一项研究，参与的对象为31名18 ～ 35岁男性慢性疼痛患者，他们每天两次服用剂量为600毫克的布洛芬，连续14天。结果显示，服用止痛药（布洛芬）的年轻男性睾丸激素显著降低，甚至在使用几周之后，睾丸激素降低到与70岁老人相同的水平。显然，服用止痛药不是一个好主意，尤其是在我们还有其他解决办法的时候。

上述疼痛一般是久坐不动的生活方式带来的，如果你在工作中一直盯着电脑屏幕，下班之后又靠在家中的沙发上，疼痛必然会找上门来。

我们完全可以扔掉止痛药，选择一种更积极的生活方式——运动，来缓解、避免疼痛。运动不仅可以让人远离药片，还能提高睾丸激素水平。止痛药可以消除疼痛，但会让人变成70岁的老人；运动不仅可以帮助人远离疼痛，还能永葆年轻。你会怎么选择呢？

05 / 缓解慢性疼痛的正确方式

我们必须采用适当的方法来恢复身体正常的运动功能，因为不适当的运动不仅不能缓解疼痛，反而可能使之加剧，使大脑对某些动作是否危险失去正确的判断力。简单地说，你的冒险可能会让事情变得更加糟糕。

现在我为大家介绍一种缓解慢性疼痛的有效方法，这种方法不是从某种具体的训练入手，因为问题出在大脑的判断力，而非肌肉或者关节。因此，我们必须先训练大脑对危险的认知能力，这个训练过程包括三个阶段。

第一阶段

该阶段的目的是激活大脑控制运动的区域。请注意，如果你的疼痛持续三个月以上，大脑中控制身体部位的区域就会发生变化，同时也会变得更加敏感。

例如，你的膝盖受伤并且疼痛已经持续了一段时间（大多数损伤4 ~ 6周内可以完全康复），你就会不自觉地将它保护起来，以致你每次活动时，都感觉到它在疼，因为你的大脑变得过于敏感，同时对它采取了过度保护。解决这个问题的唯一方法不是止痛药，而是训练你的大脑，让它意识到这个动作不再危险，也不会给你带来伤害。记住：判断某个动作是否会给你带来伤害，要使用大脑，而不是光靠感觉。

在这个阶段，你可以通过以下方法进行训练。如果你的伤势比较严重，千万不要勉强完成。另外，最好在爱人或者朋友的帮助下进行，其他人对你的观察也很重要。

练习 1：抬腿

保持站姿，尽可能缓慢地抬起右腿，然后放下。

❶ 闭上眼睛，在你的头脑中想象同样的动作（第一人称视角，在自己

眼中看到的动作）。从下面的视觉评级表中选择你认为准确的一项，并且记录下来：______________

视觉评级表

看起来非常困难 看起来困难 看起来有点儿困难 一般 看起来较容易 看起来容易 看起来非常容易

❷闭上眼睛，试着用其他视角（第三人称视角）看自己做同样的动作。从前面的视觉评级表中选择你认为准确的一项，并且记录下来：______________

❸闭上眼睛，试着在不做动作的情况下感受动作（在头脑中进行，并注意自己的感觉）。从下面的感觉评定表中选择你认为准确的一项，并且记录下来：______________

感觉评定表

写下你的答案，然后进行下一步。

练习 2：平行移动手臂

保持站姿，双脚并拢，双臂放于身体两侧。然后抬起不常用的那条手臂，与地面平行，注意手心向下。在身体前侧平行地面移动手臂（注意不要弯曲），然后将手臂慢慢放于体侧。

❹闭上眼睛，在你的头脑中想象同样的动作（第一人称视角，在自己眼中看到的动作）。从前面的视觉评级表中选择你认为准确的一项，并且记录下来：______________

❺闭上眼睛，试着用其他视角（第三人称视角）看自己做同样的动作。从前面的视觉评级表中选择你认为准确的一项，并且记录下来：____________

❻闭上眼睛，试着在不做动作的情况下感受动作（在头脑中进行，并注意自己的感觉）。从前面的感觉评定表中选择你认为准确的一项，并且记录下来：______________

再次写下结果，然后进行下一步。

练习 3：弯腰，用手指触摸脚尖

立正，双脚并拢，手臂伸直举过头顶。俯身向下，试着用手指触摸脚尖，然后慢慢回到起始位置。

❼ 闭上眼睛，在你的头脑中想象同样的动作（第一人称视角，在自己眼中看到的动作）。从前面的视觉评级表中选择你认为准确的一项，并且记录下来：______________

❽ 闭上眼睛，试着用其他视角（第三人称视角）看自己做同样的动作。从前面的视觉评级表中选择你认为准确的一项，并且记录下来：______________

❾ 闭上眼睛，试着在不做动作的情况下感受动作（在头脑中进行，并注意自己的感觉）。从前面的感觉评定表中选择你认为准确的一项，并且记录下来：______________

写下你的结果，然后进行下一步。

练习 4： 屈膝跳

保持站姿，双脚打开较窄距离，双手自然放于体侧。弯曲膝盖，尽可能跳高，同时双手向上举过头顶。双脚分开着地，手臂再次回到身体两侧。

⑩闭上眼睛，在你的头脑中想象同样的动作（第一人称视角，在自己眼中看到的动作）。从前面的视觉评级表中选择你认为准确的一项，并且记录下来：______________

⑪闭上眼睛，试着用其他视角（第三人称视角）看自己做同样的动作。从前面的视觉评级表中选择你认为准确的一项，并且记录下来：___________

⑫闭上眼睛，试着在不做动作的情况下感受动作（在头脑中进行，并注意自己的感觉）。从前面的感觉评定表中选择你认为准确的一项，并且记录下来：______________

写下你的结果。

❶提膝（第一视角） 评定：________	❼触碰脚趾（第一视角） 评定：________
❷提膝（第三视角） 评定：________	❽触碰脚趾（第三视角） 评定：________
❸提膝（感觉如何） 评定：________	❾触碰脚趾（感觉如何） 评定：________
❹手臂举起（第一视角） 评定：________	❿跳（第一视角） 评定：________
❺手臂举起（第三视角） 评定：________	⓫跳（第三视角） 评定：________
❻手臂举起（感觉如何） 评定：________	⓬跳（感觉如何） 评定：________

如果你的平均分超过5分，就可以进入第二阶段了。

第二阶段

该阶段的目的是在大脑中想象让你感到疼痛的动作，也就是你平常尽量避免的那些运动。此时你可以按照第一阶段的模式进行训练，但不需要真的行动，只需要在大脑中想象，然后试着感受它，并将结果记录下来。

如果你的疼痛级别连续一周没有超过3级，就可以进入第三阶段了。

疼痛级别评分表

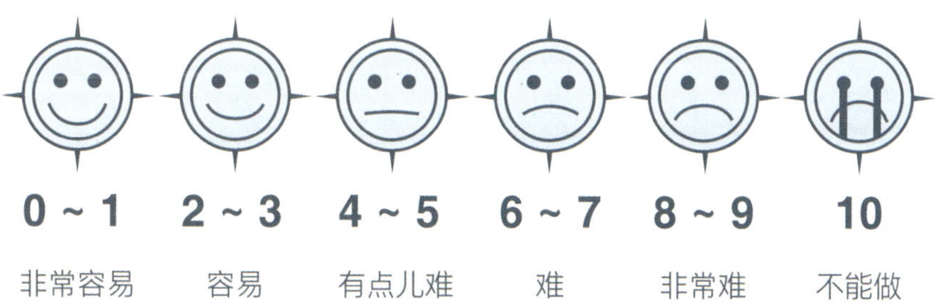

第三阶段

在这个阶段，重复第二阶段的训练并在镜子里观察自己的动作。使用镜子是为了让大脑更加安全地学会这些动作，当我们的眼睛看到自己的动作时，大脑学起来也会更快。如果你已经重复完成2 ~ 3次这些动作，且没有任何不适，就可以尝试一些更具挑战性的练习了；如果某些动作给你带来强烈的疼痛感，那就再按照前文介绍的方法进行调整。

第七章

CHAPTER 06

压根儿没有“不能运动”这回事

01 / 没有什么日常运动是危险的

理疗师、按摩师以及私人教练等所谓的专业人士都建议我们要保持身体平衡。轻微的身体缺陷被认为是非常危险的，必须进行相应的治疗。长短腿或者背部高低不齐都非常糟糕，需要立刻进行矫正。虽然这种观念并不正确，但我们可能会因此刻意避免一些日常生活中自然的身体活动。

专业医生通常会建议那些肌肉骨骼系统不平衡的患者避免进行某项运动。患者通常会接受一些测试，比如保持某种身体姿势的最长时间，或者能够在腿部压力机上承受的最大压力，等等。问题是这些测试有用吗？你是否能够在保持身体不动或者只使用一个身体部位的情况下，完成所有的家务劳动或其他类似的活动呢？当你和孩子们玩耍的时候，你是否会背部着地躺在地板上呢？你走路的时候可以只用一条腿吗？保持静止不动或只对一个身体部位进行测试，又怎么可能完全了解一个人的运动能力呢？这种测试根本没有任何意义。

其实，对你的身体而言，并没有什么运动是危险的。那些日常生活中自然的活动，无须经过特殊的训练并且不会过度进行，它们又会对你的身体造成什么危害呢？人们出生时背部多多少少都有点儿弯曲，或者有一条腿比另一条腿长一点儿。这些问题并非后天的运动造成的。一百年前的人们是否会因为这些身体的不平衡就不做体力活了？我想那是不可能的。恐怕当时的人们根本就不知道，而且也不在乎这些。他们会因为两条腿的长度稍有不同就选择卧床不起吗？但今天却有很多人选择盲从别人的观点，而不听从自己的身体。现如今，腿部、膝盖或背部的一些小小的缺陷都被当作疾病来进行治疗，人们正在花很多钱寻求实际上并不需要的治疗。

实际上，身体具有很强的适应能力，举重运动员拉马尔·甘特的例子就是个非常有力的证明。1985年，他成为世界历史上第一个能够举起自身体重5倍东西的人，以60公斤的体重举起了300公斤的重量，让全世界为之惊叹。最让人惊讶的是，他患有一种叫作“脊柱侧弯”的疾病，而在此之前，没有人会想到患这种疾病的人竟然能够从事举重运动。当然，他并不是一开始就能举起300公斤的重量，这是多年训练的结果，正确的训练让他的身体逐渐适应了越来越大的重量。

专家们猜测，可能正是因为脊柱侧弯刚好使他的上半身变短了，让他在比赛时更具优势，从而打破了这项世界纪录。

在一项对692名健康者的研究中，研究人员对每个参与者进行了身体扫描，以预测一年后哪些人可能会出现背部问题。他们观察了脊柱侧弯、髋部上下不齐，以及腰椎曲度较大或较小的人，但都没有预测到他们可能出现疼痛问题。90%的参与者都存在左右腿长的差异，两腿的差值平均为5.2毫米，甚至差异值达到2厘米的人也没有发现存在背部疼痛的风险。

在大多数情况下，适当的训练比按摩更有效，尤其是身体前后、左右移动和旋转的训练。这种训练也叫“3D训练”。事实上，你应该训练自己去应对生活中的各种挑战，否则你将会变得越来越脆弱。如果仅仅因为两条腿的长度稍有不同，你就经常告诫自己某些动作是危险的，那么你的生活质量将会大大降低，它将成为你整日在沙发上消磨时间，既不健身也不外出的借口。许多人喜欢找这些借口，是因为他们懒惰，而且没有受到过来自外界的惩罚。你可能可以暂避一时，但最终将为此付出巨大的代价。

事实上，没有任何借口能阻挡我们运动，我们总能根据自身的情况找到自己可以完成的运动项目。这就是所谓的“调整”。以背部受伤为例，你完全可以完成向左旋转或者向右旋转的动作。当然，旋转时你需要非常小心，因为伤痛会增加你的恐惧感，让你神经紧张。你必须做的是，尽管感到疼痛，也要找到解决办法来进行锻炼。

我们的身体可以在三个维度上进行活动。如果你在一个维度上行动受限，完全可以通过其他的维度进行补偿，以避免疼痛或不适感。如果你身体的某个部位因为过度疲劳而感到疼痛，比如长时间跑步、重体力劳动或者锻炼过度，你会对该运动模式产生恐惧感，害怕再次进行这种运动。而且恐惧感会让你神经过敏，使你对并没有危害的活动也感到害怕。

02 / 3D不仅仅存在于动画中

当听到“3D”这个词的时候，你可能想到的是一部需要戴着某种眼镜观看的电影，但是本书中提到的“3D”是指身体运动的方式。其实，这种运动方式是我们与生俱来的，但我们长大以后渐渐习惯了久坐不动的生活方式，便将它抛在脑后了。也许我们应该像儿时一样跟随我们身体的本能，以任何可能的方式运动我们的身体。

让我来举个例子，我想很多人会有同感。丹，一个普通人，过着和其他人一样的生活。他在销售部门工作，工作时间几乎都在办公室或汽车里度过。这期间，他显然长时间地保持坐姿。下班后，他开车回家。他一周开车去几次健身房，因为他知道锻炼对他非常重要，而且他也爱好运动。他最喜欢的运动是骑自行车。冬天的时候他在健身房里骑车，夏天他喜爱在户外骑车。所以，八小时的工作时间里，他坐在办公室里，之后他又以同样的动作继续坐在自行车上。他的呼吸很重，出汗很多，但运动之后他感觉自己非常舒服。然而带来的结果却是肩膀和背部的疼痛，这让他痛苦不堪。他去看过医生，医生没有发现任何问题。他的血压正常，血液状况良好。医生告诉他每周进行锻炼非常好，他的疼痛也许是精神压力导致的。

丹起初并没有感到压力很大，但当医生这么说时，他怀疑这就是症结所在，并且因此感到非常紧张。医生因为丹有时疼痛得无法入睡而给他开了安眠药。

那么，这个案例中的问题是什么呢？其实，丹的医生对他的治疗只是治标不治本，不仅没有帮助，还适得其反。丹的问题很可能是他的一维生活方式引起的，并非来自精神压力。他没有顺从身体的需要，导致了肌肉疼痛。他需要减少坐着的时间，做一些其他类型的运动，而不是总骑自行车。他应该让体内的肌肉全方位运动起来，就像小时候一样，重新回到一个立体的状态。

下面是一些简单而有效的腰部及肩部练习。

练习1：呼吸

双脚与肩同宽站立。先将左手（或右手）放在腹部，另一只手放在腰部，保持缓慢而均匀的呼吸。这个动作有助于激活下脊柱。吸气时感受脊柱向前伸展，呼气时感受脊柱向后弯曲。配合呼吸，交换双手各重复10次。

练习 2： 胸部运动

左脚（或右脚）向前迈出一肩距离，脚尖指向外侧，向各个方向运动胸部，注意在整个过程中保持胸部挺直。每个动作重复10次。

1. 胸部前后平移

❶

❷

2. 胸部左右平移

❶

❷

3. 胸部左右旋转

练习 3：拉伸臀大肌

弯曲膝盖坐下，双脚平放在地板上，然后将右脚踝（或左脚踝）放于左膝（或右膝）上。拉伸臀大肌，保持缓慢匀速呼吸。吸气抬头，感受腰部向前伸展；呼气低头，感受腰部向后弯曲。配合呼吸，交换双腿各重复10次。

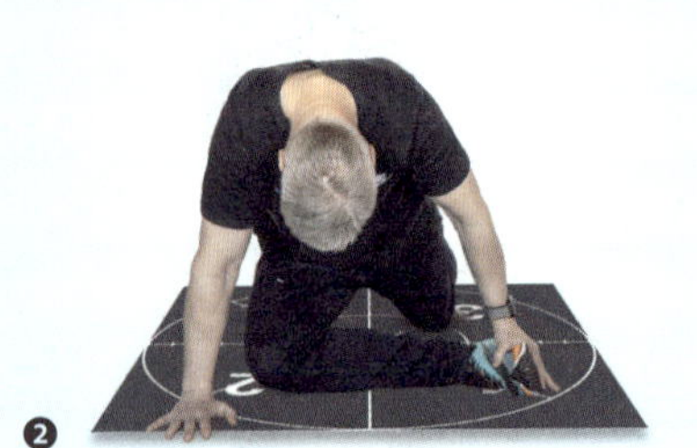

练习 4：臀部摆动

双手紧握把杆，将身体悬吊起来，感受脊椎的舒展，向各个方向慢慢地摆动臀部。如果肩部有疼痛感，可以在脚下放一个箱子以减轻一些体重。每个动作重复10次。

1. 前后摆动臀部

2. 左右摆动臀部

3. 旋转摆动臂部

练习5：胸部运动

将腰部放在瑜伽球上，打开双脚，通过胸部移动尽量让球保持平衡。每个动作重复10次。

1. 胸部上下摆动

2. 胸部左右两侧摆动

3. 胸部左右旋转

练习6：背部运动

将腹部紧贴在瑜伽球上，打开双脚，脚尖着地，通过腹部移动尽量让球保持平衡。每个动作重复10次。

1. 背部上下摆动

2. 背部左右两侧摆动

3. 背部左右旋转

练习7：髋关节运动

双脚并拢，通过胸部移动尽量让球保持平衡，注意在整个练习过程中保持胸部挺直。每个动作重复10次。

1. 前后摆动髋关节

2. 左右两侧摆动髋关节

3. 旋转髋关节

练习8：双手握哑铃，摆动手臂

双脚稍微分开，保持站姿，双手各握住一个哑铃，通过胸部移动尽量让身体保持平衡，注意在整个练习过程中保持胸部挺直。每个动作重复10次。

1. 前后摆动手臂

2. 左右两侧摆动手臂

❶

❷

3. 旋转摆动手臂

❶

❷

03 “装载”和“发射”的动态运动方式

“装载”和“发射”听起来像是出现在动作片里的词，但我在这里用它们是为了讨论如何使用肌肉进行动态运动。你小时候玩过弓箭吗？如果没有，你应该在电视上看到过吧。弓必须先被拉满，箭才能被射出去。当你进行动态运动时，也需要类似的装载和发射的过程。让我来举个例子，如果你想击打一个东西，比如一堵墙（当然别真的那样做，你可能会因此伤到手或其他的身体部位），你需要先将手臂拉回身体（这就是装载过程），然后再将它快速地向前击打出去（这就是发射过程）。

身体中的肌肉除了能够保证人体的自由活动之外，还具有非常多的功能，它们对人体的健康有着很大的帮助。当你长时间地坐着，比如晚上坐在电脑前或坐在沙发上看电影，你的身体就不会或很少进行动态运动。这就是我们所说的“静态位置”。如果很长一段时间保持这种状态，你的肌肉就可能开始感到疼痛和紧张。动态运动非常重要，连接关节的肌肉能够有效地增加血液循环，促使营养物质进入并将代谢产物排出体外。我们可以将肌肉看作一个巨大的分配系统的重要组成部分，这个系统为身体各个部位提供营养物质并清除垃圾。但是肌肉只有在被使用时才会发挥这个功能。在肌肉不被使用的情况下，整个分配系统的工作效率就会很差，因为这时肌肉没有发挥作用。

那么，如果你长时间缺乏运动，比如长时间坐在电脑前、开车回家或坐在电视机前的沙发上，那会带来什么后果呢？你会遇到麻烦的。一段时间后，你的关节很可能会发炎。炎症是血流不畅所导致的直接后果。之后，你的关节会迅速退化，患上关节炎。事实上并没有什么正确或错误的坐姿，不论采用什么样的坐姿，久坐都对身体有害。你需要使用肌肉加快血液循环，从而激发营养物质在全身的分配，并排出代谢产物。

下背部疼痛已成为人类常见的病痛之一。它除了会给患者增添烦恼，还会严重影响患者身边的人，而且没有什么有效的解决办法。当你在经历下背部疼痛时，很难准确地判断出症结所在。这就是为什么你去就医时，医生总是告诉你那是“腰痛”。但“腰痛”究竟是什么？它虽然听起来像是诊断结果，但实际上并非如此。“腰痛”只是对几乎不可能找到确切原因的下背部疼痛的一种统称。但听起来不错，我承认。有趣的是，当我们感到疼痛时，我们都要去就医，我们希望从医生那里得到答案，并以此为借口不去工作或者完全停止运动。

在大多数情况下，下背部疼痛的原因是非常复杂的，很难确切地知道病因，但它却有助于肌肉的活动。它能够帮助激活肌肉群，使它们变得更强壮。身体的动态运动将促进血液循环，尤其是对于腿部，它可以促进血液从腿部流回心脏。当你腿部的肌肉运动时，血液循环会急剧增加，血液会流回背部，使背部疼痛奇迹般地得到治疗。

你可以尝试以下练习。

练习：全身运动，缓解下背部疼痛

仰卧在垫子上，在整个运动过程中保持颈部与地面接触，眼睛直视天花板。每个动作重复10次。

1. 双腿上下运动

❶

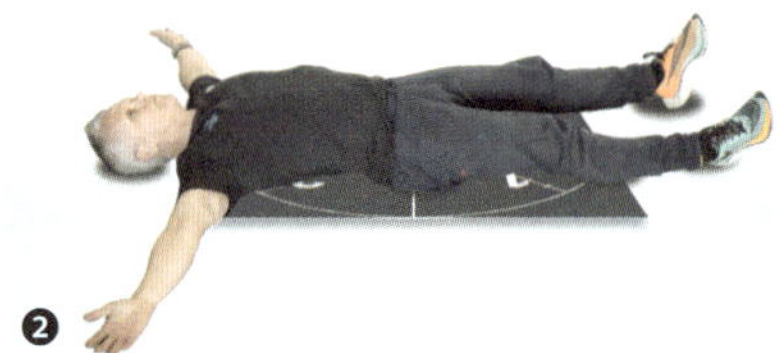

❷

2. 双腿左右平移

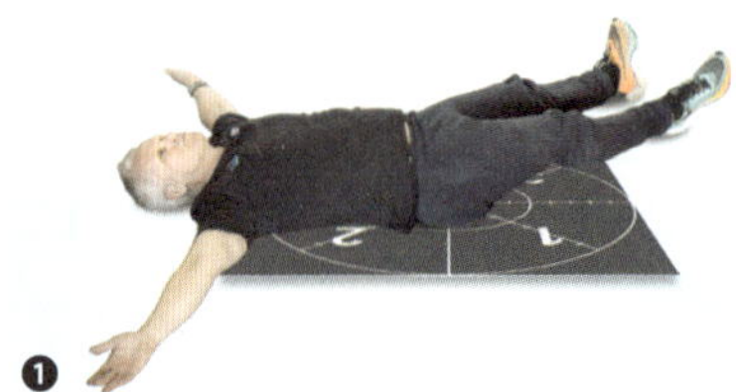

❶

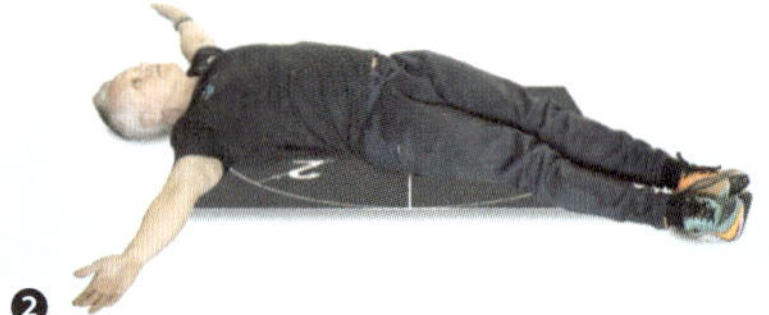

❷

3. 双腿左右旋转

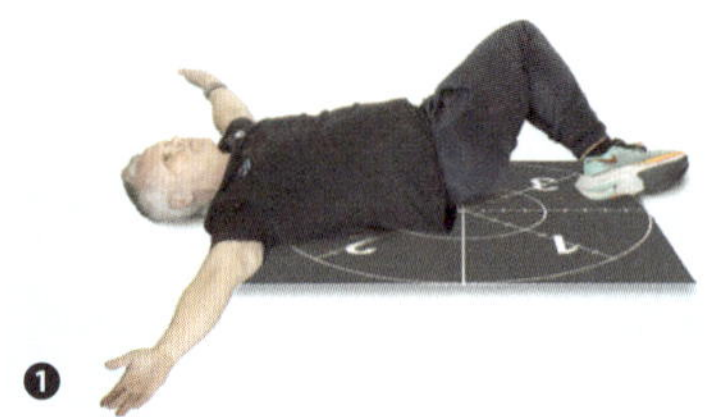

❶

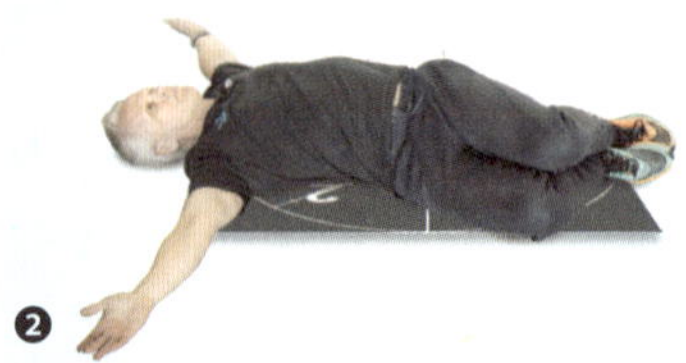

❷

4. 上下提臀

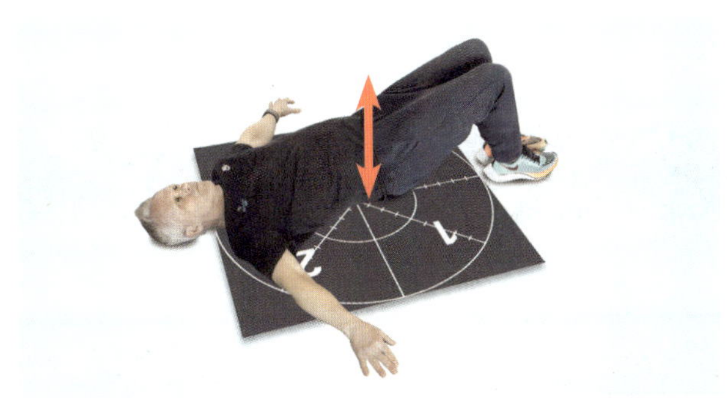

5. 臀部左右平移

6. 臀部左右旋转

7. 手臂上下运动

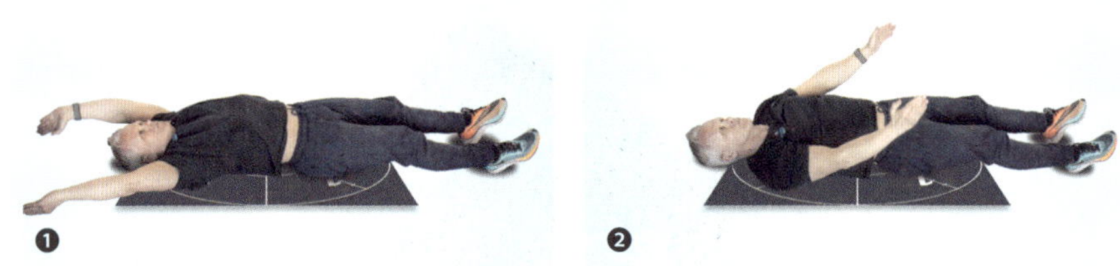

8. 手臂左右运动

9. 手臂左右旋转

可以说，动态运动——前面提到的装载和发射过程，是我们能够找到的最好的药物，而且没有任何副作用。无论是背部疼还是关节疼，运动都是防治的最好方法，并且没有任何不良后果。除此之外，这会让你变得更加专注。如果你久坐不动，盯着屏幕好几个小时，你很快就难以集中注意力。但是，如果在此时稍作休息，四处走动，促进血液循环，或者做一些简单的运动，你就可以更加有效地工作。研究表明，它可以帮助你提高5%的工作效率。

好了，现在你已经明白了运动所带来的好处，让我们进一步增加运动量，每星期做几次力量性的锻炼吧。举重除了可以使我们变得强壮之外，还对我们的身体健康有很多益处。人们常犯的一个错误是锻炼时选择的重量不够。但究竟需要多少重量呢？那当然是因人而异的，取决于你具有多少肌肉量，以及大脑是否可以支配它们。你对此并不了解，对吧？没关系，你可以根据以下法则进行判断：

◆ 如果你在该重量上每个动作最多只能完成6 ～ 12次，那么这个重量就足够了。

举重不仅仅适合那些希望变得强壮的人，它对所有人来说都很重要。力量训练有助于降低血压，保持健康的体重，增强自信并保持健康的体魄。恐怕你虽然赞同这个观点，但却认为没有必要去健身中心进行锻炼，毕竟花销很大。那么，你非得去吗？答案既是肯定的，也是否定的。让我详细说明一下。

你的力量训练需要有一定的负荷从而让身体更加健康，而且这个负荷必须足够。这不仅仅是为了锻炼肌肉，也是为了使骨骼更加强壮。如果你想让你的骨头保持强壮或增加骨骼密度，你需要举起比较重的东西。没办法，负荷更大才能使骨骼和肌肉更加强壮。如果你从事的是重体力工作，那当然很好。但我们大多数人都不是重体力工作者，我们几乎整天都盯着屏幕，上下班走走路都算是一种体力活动了。乘坐公交车或者打车，或是泡杯咖啡就更谈不上体力消耗了。如果这就是你平常的工作状态，那么你就需要去健身中心做一些力量训练。

这就是大街小巷都会出现各种健身中心的原因：现代社会的人们需要它们。对许多人而言，健身中心是唯一能满足锻炼身体的需求的地方，在这里可以补充因现代科技发展而逐渐消失的繁重的体力劳动。去健身的好处在于，你不需要每天长时间地从事体力劳动，但前提是你在进行力量训练时必须选择足够的重量。

如果你还不相信，那么我再告诉你：力量训练能控制你的血糖，减少患Ⅱ型糖尿病和心脏病的概率。随着年龄的增长，它还可以帮助你保持体力、增强体质，可以完成诸如滑雪、远足、登山和游泳等你喜爱或曾经喜爱的运动，或者只是完成一些相对简单的事情，比如爬楼梯、从地板上捡东西、快摔倒时恢复身体平衡等。换句话说，这类训练可以帮助你拥有正常而充实的生活。

04 / 身体里的连锁反应

身体里的所有肌肉都被一层称为“筋膜”的膜包裹着，你可以把它看作皮肤下的一把大伞。筋膜可以确保所有的体内组织都处于正确的位置，起固定作用。没有健康的筋膜，你所有的骨骼、关节和肌肉都不可能正常地发挥作用。筋膜不仅起到固定作用，还能将身体的各个部位分隔开来，使它们互相协调运动。

简单地说，筋膜就是一个起固定作用的“包装袋”。有些人的“包装袋”天生就不牢，而另一些人则是因为经年累月地重复同样的动作，没有合理地运动身体部位而使它遭到了损坏。无论是哪种原因，都可能使骨头和关节移位，从而引起不对称的运动模式。如果出现这种情况，肌肉和关节就不能协调工作了。

轻微的不对称是完全正常的，你不必担心。每个人都会有所差异，几乎不存在完美的体型。以我自己为例，我的左髋关节有些僵硬，但这并无大碍。我哥哥也有点儿驼背，但是由于他积极的生活方式，这点儿身体缺陷几乎没有对他造成影响。

但是如果因为你身体有些不平衡，专家建议你应该注意某些动作和运动，你就完全停止了锻炼，许多问题就会随之出现。久坐不动对于人体的平衡能力、协调性和做简单动作的能力等许多方面都会产生巨大的影响。更讽刺的是，人们在度假时，身体终于可以放松下来，但此时身体受到的伤害却是最大的。我自己也是如此。虽然我很清楚锻炼的重要性，并且每天都坚持锻炼，但在假期里我大部分时间都不怎么动，每天的运动仅仅是从户外回到室内，然后去餐厅。这非常不利于健康，几周以后我就会感觉到不舒服。记得十年前，我在澳大利亚度假。当时，我们从南部的阿德莱德开车到北部的达尔文，全程都在车里坐着。两周之后，我的腿开始疼了。这是我以前从未感受过也从未想象过的痛苦。我很担心，但直觉告诉我必须起来活动，不能再坐着了。于是，我下车跑步，疼痛感立刻消失了。这又一次有力地说明了“运动是最好的良药”。

久坐不动会影响你的体态和肌肉，因为在这个过程中地心引力总是试图将你拉向地面。你一定听说过，宇航员长期待在太空中，因为缺乏重力会对肌肉造成很大的伤害，会有许多肌肉萎缩。没有了持续的拉力，就不再需要用肌肉来保持身体姿态。你以前应该很少意识到重力的存在（大多数人只是蹦极或带着降落伞从飞机上跳下来时才会意识到），但重力能够保持肌肉强健，这正是我们努力想要做到的。

当你在起立、跑步或者行走时，身体必须努力与重力抗争，身体中所有的肌肉必须协调一致。只有当它们完美配合时，你才能四处走动。但当你坐在电脑前、电视机前或汽车里时，情况就大不一样了，你的背部不再处于自然状态，身体一侧的肌肉收缩，另一侧的肌肉放松。这在短期内不会有什么问题，但是如果你日复一日地保持这种姿势，神经系统就会适应它，久而久之便会导致许多功能障碍。

这或许不太容易理解，让我举个例子来说明一下。你可以很容易地判断一些人是否经常久坐不起。如果仔细观察，你会注意到这些人都处于一种一直向前倾倒的状态。重力不断地将他们的身体往下拉。可以想象得到，这种持续的拉力是如何影响背部和颈部的肌肉的。他们必须非常努力才能防止自己的鼻子着地，而且这项工作不是动态的而是静态的。那么，长期处于静止状态的肌肉会发生什么变化呢？首先，这些肌肉中的血流量将会减少，这就意味着很少有氧气和营养物质被带入，代谢物也很少被排出。假设你的身体是一个公寓，想象一下食物停止供应、垃圾堆积成山的场景。那一定很糟，对吧？其次，肌肉会变得疲劳而脆弱。随着紧张的加剧，它们会受伤。如果这样持续下去，也许你就会感到头疼和背痛。因此，你可以发现一种不良姿势对你的身体有多么坏的影响。这不仅仅关乎于别人对你的评价，更重要的是它可能会引起许多肌肉问题。

现在让我们站起来试试这个动作：将你的双臂交叉于胸前，向下看，尽量向后推你的颈椎（通过颈部肌肉用力）。然后身体先向左，再向右。向上看，尝试同样的方法。你会注意到，当你向下看的时候，你的旋转角度较小；但是当你向上看的时候，你的旋转角度较大。最后（当你抬头时）让身体回到直立位置，你的肌肉会更好地工作（这就是链式反应），这使得它更容易完成起立、站立、行走等动作。

如果你想保持大自然赋予你的天生体态，拥有健康的身体，你就得打破久坐的姿势。坐姿本身对身体没有什么坏处，但是如果长久保持这个姿势，就会给你的体态和健康带来危害，并且严重限制你的运动能力。很快，你的诸多活动就会受到限制，生活质量也会严重降低。

预防这些后果的唯一方法就是摆脱你的椅子，并且坚持全方位的运动，就像难以抉择时的前后摆动，或糟糕的天气里船上的水手一样左右摆动身体。但要注意避免致使身体疼痛的动作。

带来疼痛感的动作往往具有一定的危险性，你的大脑和神经系统对此非常敏感。如果做某个动作时感到疼痛，你就必须调整姿势。但不要把疼痛作为偷懒的借口，你总能够找到一些自己可以完成但不会感到疼痛的动作。

在一项科学研究中，研究人员对教室里的孩子进行观察，发现那些被迫坐在同一位置的孩子常常感到背部疼痛。有些孩子坐在教室左边，老师在教室的正中，他们必须转动头部才能与老师保持目光交流。久而久之，就会造成身体的不平衡。当研究人员观察那些可以在教室里走动或者老师经常变换位置的学校时，同样的问题没有出现，孩子没有身体不平衡或者感到背部疼痛。这再次证明了前面的观点：你的下一个姿势就是最好的姿势，运动是最好的良药。

现在想必你已经有了一定的概念：避免让自己长时间保持同一个姿势是多么重要。你也知道了并没有什么姿势是对你最好的，最好的姿势永远是下一个姿势，因为你需要定期调整姿态，你也开始理解“运动是最好的良药”的重要性。这太好了，我们已经取得了一定的进展。如果你现在也明白了所有的运动都是由连锁反应和肌肉收缩引起的——你不能只使用一种肌肉，必须由许多肌肉群协同工作——那么是时候谈一谈关于身体的柔韧性和稳定性的问题了。

你一定见过那些练瑜伽的人和他们能做的那些姿势，看起来确实很不错。但这只是为了增加身体的柔韧性吗？当然，在一定程度上保持柔韧性是很重要的，但是提高关节的稳定性同样重要，光有柔韧性是不够的。你的身体可能过于柔韧，就是所谓的“超流动性”。你当然不希望这样，你需要平衡，始终保持平衡。因为身体要想完成各项功能，柔韧性和稳定性缺一不可。稳定性是指肌肉能够协同工作（链式反应）。如果你有极好的柔韧性，但稳定性很差，关节就很容易受伤；反之，如果你的柔韧性差而稳定性强，关节也会因为失去平衡而容易受伤。

连锁反应与肌肉是否能够协调工作，以及是否具有足够的柔韧性有关，只有这样，身体才能达到并保持一个良好的状态。坚持学习，你一定能够过上健康而丰富多彩的生活。

05 / 你的关节灵活而稳定吗

从某个角度来看，我们现在生活的世界并不是为了人类的身体健康而建造的，更多地是为了生产力、生产效率等东西。这世界就像一台高速运转的机器，我们每个人只是其中的一颗螺丝钉。然而我们的身体除了充当一台复杂机器的零件之外，它本身还有其他的需要。很多人的错误之处就在于一直努力去适应这种非自然的生活方式，所以最后失败了。

为了弥补这一点，人们想出了许多解决办法。层出不穷的健身产品源源不断地推向市场，但这真的有用吗？

在人造世界里，人们只能通过非自然的运动来满足身体的需要。功能训练能够有效地消除疼痛并防止受伤，已被证明具有治疗及康复效果，其目的是提高关节的灵活性和稳定性，达到更好的肌肉控制力并提升肌肉的力量和耐力。功能训练包括以下四种类型：

◆柔韧性训练：提升关节活动能力。

◆稳定性训练：加强脊柱稳定性。

◆平衡性训练：提高肌肉控制力。

◆抗阻力训练：增强肌肉力量。

科学研究表明，髋关节的活动能力会随着年龄的增长而逐渐减小，这一点反应在人们所有的日常活动中，比如行走姿态等。髋关节活动能力较低的老年人，他们的行走步幅往往较小。年龄的增长对腰背部也会带来影响，人们在逐渐衰老的过程中，腰背部的活动能力会减少50%。有一些专门针对关节活动能力对于各种疾病的影响的研究，其中一项观察了髋关节活动能力与髋关节骨性关节炎之间的关系，研究人员仅仅通过人们的髋关节活动能力就能够预测该疾病的发病率。

为了满足人们日常生活的需要，人体必须保持健全的关节活动能力。一项研究结果表明：在步行过程中，背部在所有的运动平面内都需要在低消耗的水平上具备健全的活动能力。还有人针对其他常见活动对于髋关节的运动需求进行了研究，研究人员记录了在系鞋带、下蹲、上下楼梯、坐下及起立等各种日常活动中髋关节的运动模式，他们发现，髋关节超过120度弯曲以及20度的外旋活动能力，对人们的日常活动和运动非常重要。此外，研究结果也表明，关节活动能力与日常功能性活动能力之间息息相关，极大地影响着人们的生活质量。由此可见，生活质量与运动能力有着密不可分的关系。

关节活动能力不足会严重影响我们的日常生活，降低工作效率。不仅如此，关节活动能力还和肌肉、骨骼疾病有关，它会影响我们的工作并带来运动损伤。因此，在康复和体能训练中必须加以重视，在训练过程中应将关节活动能力、稳定性以及力量训练有机地结合起来，提高人体的身体水平。

下面介绍一个实用的工具——三维扫描，可以测量你的关节活动能力，从而测算出适合你的运动模式。根据测试结果，你可以找到适合自己的锻炼模式。在进行运动或训练之前，你可以使用以下练习进行热身运动。此外，在久坐工作之后，你也可以试着进行这些练习。

练习1：髋关节内旋训练（IHR）

左脚站在靠近中心的3区，右脚站在圆圈边缘的4区，双手放在身体背后，始终保持身体直立。在左脚固定不动的同时，右脚沿着圆圈边缘逆时针旋转，直到不能再转动了，或者左脚无法继续保持不动为止。记录下此时的旋转角度。

如果你的结果在（80±）15度之间，说明你的髋关节很正常，不需要进行特别的康复锻炼。如果结果超出了这个范围，请按照下面的方法进行训练：

<65度：完成练习1.1

抬起左脚脚跟（或右脚脚跟），同时将同侧手臂举过头顶进行同侧旋转。然后转动臀部，将手臂放于对面膝盖。站立腿的膝盖保持伸直，臀部和大腿后侧有明显拉伸感。两只脚重复10次。

>95 度：完成练习 1.2

将弓步向内旋转，手臂以同样的速度从肩部移动到膝盖高度。注意臂部随着脚和手臂的运动自然旋转。注意在整个练习过程中保持站立腿的膝盖直立。每条腿和手臂各完成 10 次对侧旋转弓步。

练习 2：髋关节外旋训练（EHR）

左脚站在靠近中心的1区，右脚站在圆圈边缘的2区，双手放在身体背后，保持上身直立。在左脚固定不动的同时，右脚沿着圆圈边缘逆时针旋转，直到不能再转动了，或者左脚无法继续保持不动为止。记录下此时的旋转角度。

如果你的结果在125度 ±15度之间，说明你的髋关节很正常，不需要进行特别的康复锻炼。如果结果超出了这个范围，请按照下面的方法进行训练：

<110度：完成练习 2.1

将双脚打开较宽的距离，脚趾向外打开，慢慢地左右旋转臀部。注意保持背部挺直，膝盖跟随臀部自然运动。每侧旋转10圈。

❶

❷

>140度：完成练习2.2

将弓步向内旋转，手臂以同样的速度从肩部移动到膝盖高度。注意臀部随着脚和手臂的运动自然旋转。每条腿和手臂做10次同侧旋转弓步。

❶

❷

练习3：髋关节内收训练（HAD）

站立时将身体重心放在左脚，保持腿部伸直。右脚指尖点地，以保持身体平衡。双脚尽量靠近，然后尽可能向外侧移动臀部，用测角仪测量此时髋关节与大腿之间的角度。

如果你的结果在15度±5度之间，说明你的髋关节很正常，不需要进行特别的康复锻炼。如果结果超出了这个范围，请按照下面的方法进行训练：

<10度：完成练习3.1

将右腿（或左腿）交叉放在另一条腿前面，拉伸臀部外侧，慢慢地分别向左右转动髋关节。如果不能保持平衡，可以将双脚并拢。注意在整个训练中保持背部挺直。每个方向重复10次。

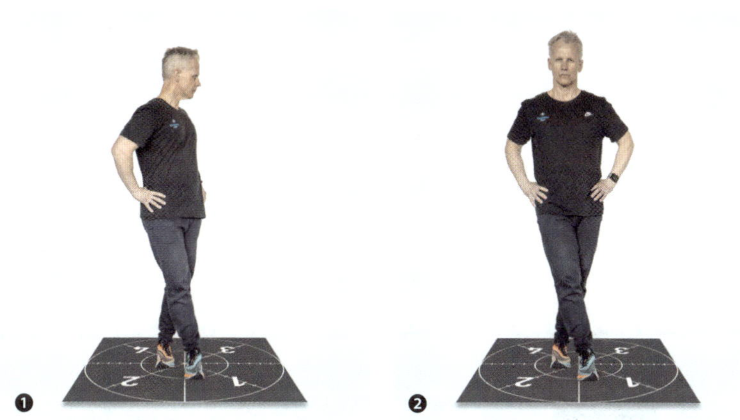

>20度：完成练习3.2

做弓步时，抬起后脚的脚跟，将重心向前脚倾斜，收紧臀部肌肉，使用爆发力回到起始位置。注意在整个训练过程中保持双脚都指向正前方。反侧身弓步，每组10次。

练习4：髋关节外展训练（HAB）

站在中心线上，将双脚打开较宽的距离。当双脚都指向前方时，会感觉腹股沟有明显的拉伸感，同时注意双脚之间的距离。然后尽量向一侧倾斜，类似腹股沟伸展运动。注意保持上身挺直。用测角仪测量髋关节与大腿之间的夹角。

如果你的结果在40度±15度之间，说明你的髋关节很正常，不需要进行特别的康复锻炼。如果结果超出了这个范围，请按照下面的方法进行训练：

<25度：完成练习4.1

将双脚打开较宽的距离，脚趾指向正前方。然后臀部引导向后下方蹲，想象自己坐在椅子上。注意膝盖向外打开，大腿内侧有明显拉伸感。重复10次。

>55度：完成练习4.2

做弓步时，抬起后脚的脚跟，将重心向前脚倾斜，收紧臀部肌肉，使用爆发力回到起始位置。注意在整个训练过程中保持双腿直立。同侧弓步练习，重复10次。

练习5：髋关节伸展训练（HE）

右脚位于2号线后面，左脚位于1号线后面。在整个练习过程中，右腿必须始终保持伸直，双脚指向外侧。右手放在身体背后，上身保持挺直。向前移动臀部，同时保持腿伸直，可以提起后腿的脚后跟。用测角仪测量髋关节与大腿前侧之间的夹角。

如果你的结果在20度±5度之间，说明你的髋关节很正常，不需要进行特别的康复锻炼。如果结果超出了这个范围，请按照下面的方法进行训练：

❶

❷

<15度：完成练习5.1

将右脚（或左脚）放于身体前侧的中立位置，保持上身挺直，稍微向后倒，臀部前部有轻微拉伸感，慢慢地从外到内进行旋转。注意在整个练习过程中保持双脚指向外侧并保持后腿膝盖伸直。双脚从外到内旋转10次。

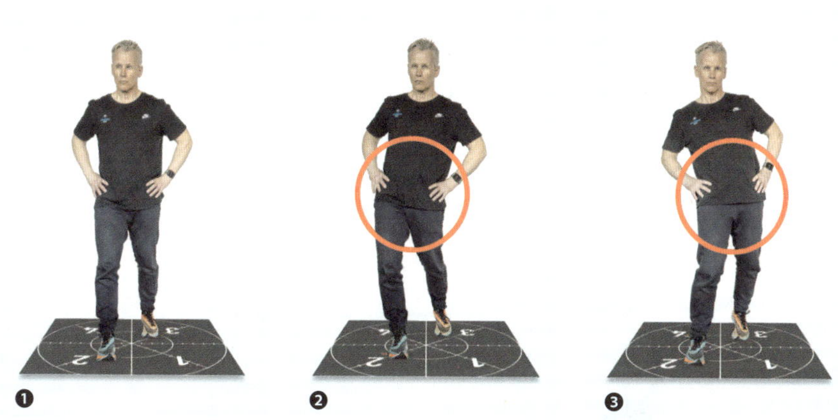

>25度：完成练习5.2

双手放在身体背后固定脊柱，然后在上身向后倾的同时，向前迈出右脚（或左脚）做弓步。当感觉到臀部前侧有明显的伸展感时，退回初始位置。注意在整个练习过程中保持双脚始终向外打开，并保持后腿膝盖伸直。每条腿重复10次。

练习6：髋关节屈曲训练（HF）

左脚站在圆圈的中心位置，右脚的脚趾紧挨着左脚的脚跟，然后抬起。注意在整个过程中伸直左腿，并将重心放在左腿。伸直手臂在身体前面握住一根棍子，手臂尽量向前伸展，背部保持挺直，直到背部开始弯曲为止。此时测量上半身与大腿之间的夹角。

如果你的结果在55度±15度之间，说明你的髋关节很正常，不需要进行特别的康复锻炼。如果结果超出了这个范围，请按照下面的方法进行训练：

<40度：完成练习6.1

将右脚（或左脚）放在身体前侧，保持中立的站立姿势，保持前腿膝盖伸直。上身前倾，大腿后部有明显拉伸感。慢慢地交替双脚，注意后脚始终保持伸直。双脚脚趾轮流完成10次。

>70 度：完成练习 6.2

双手放在背后固定脊柱。然后用右脚（或左脚）向后弓箭步，同时上身前倾，膝盖稍微弯曲。当感觉臀部和大腿后部伸展良好时，爆发式后退。注意在整个练习过程中保持双脚指向正前方。每条腿各重复10次。

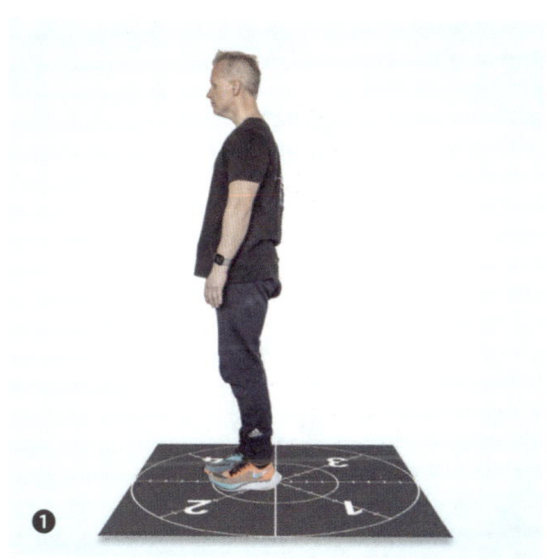

练习7：反向旋转训练（BR）

站在1号线前面，脚趾与3号线互相接触。在整个练习过程中，用手肘紧握胸腔下方的一根棍子。在运动过程中避免髋关节旋转，尽量用脊柱左右旋转，注意控制旋转角度。

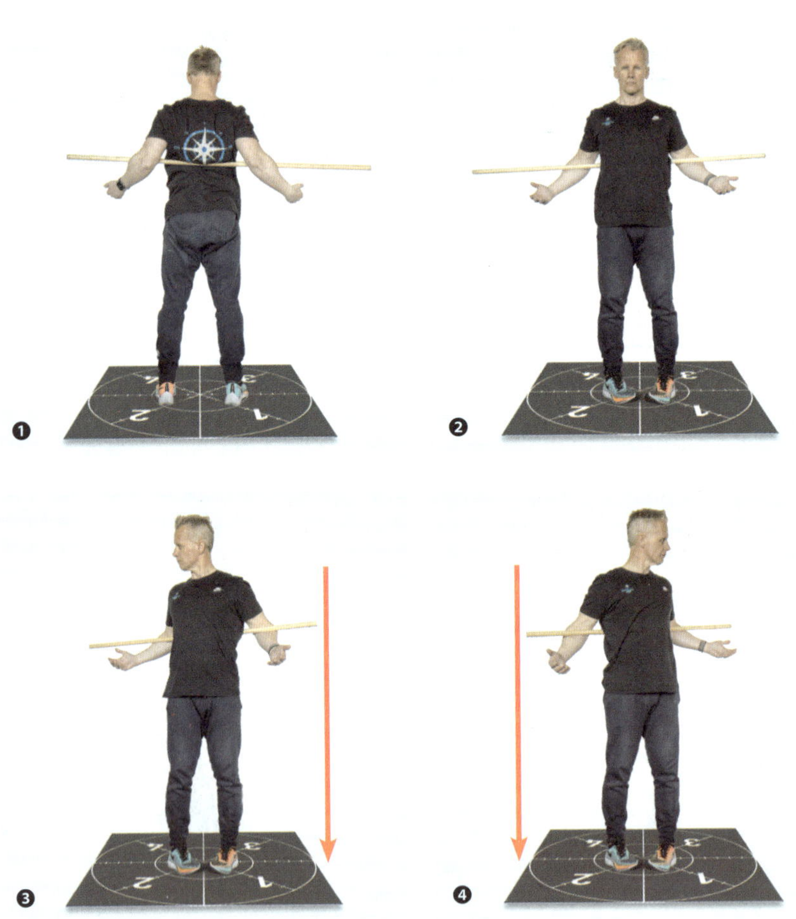

如果你的结果在30度±10度之间，说明你的髋关节很正常，不需要进行特别的康复锻炼。如果结果超出了这个范围，请按照下面的方法进行训练：

<20度：完成练习7.1

将脚放在中间位置，左臂（或右臂）叉腰。注意在整个练习中保持肘部和上身笔直。交替地左右转动自由臂，脊柱和臀部跟随手臂自然运动。左右手臂各重复10次。

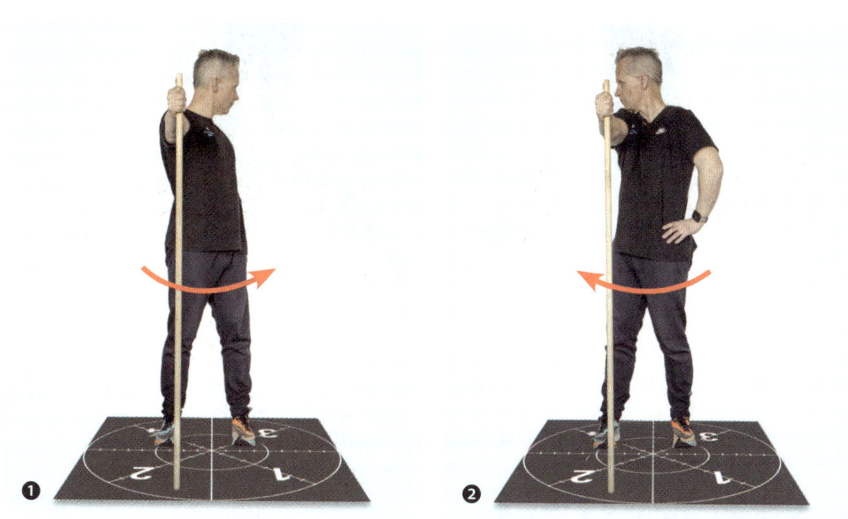

>40度：完成练习7.2

在完成内外旋转弓步时，请注意自然地内外旋转弓步，手臂的运动速度和方向与肩高度的弓步相同。随着脚和手臂的运动，自然地旋转臀部和脊椎。注意在整个训练过程中站立脚的脚趾指向前方，保持上身挺直。每条腿和手臂各做10次弓步旋转。

❶ ❷

练习 8：背侧屈训练（BLF）

双腿伸直腿站在中心线上，注意两腿之间的距离。使用一根棍子让肘部刚好在胸腔下方，上身侧弯，切记臂部保持不动。用测角仪测量上半身与大腿的夹角。

❶ ❷

如果你的结果在40度 ± 15度之间，说明你的髋关节很正常，不需要进行特别的康复锻炼。如果结果超出了这个范围，请按照下面的方法进行训练：

<25度：完成练习8.1

左臂（或右臂）保持肩膀的高度伸直，另一手臂叉腰。保持肘部及上身伸直，左右摆动臀部，注意脊柱自然地跟随臀部运动。每边重复10次。

❶

❷

>55度：完成练习8.2

双脚处于中立位，手臂左右交替摆动。注意整个练习过程中保持上身直立，脊柱和臀部跟随手臂自然运动。每边重复10次。

第八章

孩子的健康，同样需要更多关注

01 / 孩子是怎样一步步被宠坏的

现在的孩子们不需要有创造性，也不像过去一样过着有趣而充满想象力的生活。他们的大部分时间都消耗在各种有组织的活动中，剩下的则是消耗在屏幕前。

以前，自由玩耍对孩子而言是一种很常见的娱乐活动。孩子们在自由玩耍时，会在无意中培养运动技能，认知自己和周围的环境。那么，当自由玩耍被成年人所监督的有组织的活动所取代时，会发生什么呢？这对他们的运动技能和想象力会产生什么影响呢？他们又如何正确地认知自己和周围的世界呢？

在现代社会，很多孩子从不进行体育锻炼，除非有成年人告诉他们应该做什么以及怎样做。孩子们坐着车被送去练习，然后有人告诉他们该怎样做，结束之后再坐着车回家。这在几十年前是闻所未闻的，那时候，大多数的孩子都是自己走路或骑自行车去参加训练。事实上，他们花几个小时骑自行车只是为了好玩而已。他们花几个小时在足球场上踢足球，没有任何成年人陪伴。孩子们大部分的体育活动都是自发的，他们做这些事全都是出于兴趣。

但是现在情况完全不同了，许多父母都将自己的孩子当成无助的小动物，需要不断地关注、指导和服务。这让孩子们对于闲暇时光的体验完全不同了。现在，如果孩子需要去某个地方，他们的父母就会开车送他们去；如果孩子感到无聊，他们的父母就会找点儿事给他们做。许多孩子已经被宠坏了，但是他们并没有要求被这样对待，他们也不需要。恰恰相反，这其实是害了他们，完全是一种错误的关怀。

这样的做法让许多孩子在被告知要自己找点儿事做时变得无所适从，流露出喜怒无常和无助的情绪。如今，孩子们习惯于有人告诉他们要做什么，他们不再有能力自由玩耍。他们也因此变成了以自我为中心的人，很难与其他人相处，因为他们已经习惯了随时得到想要的东西。

就在前几天，我在去购物中心的路上遇到了三个小女孩。她们大约六岁，没有大人陪伴，一起在外面玩耍。这在当下是很难见到的情况。我放慢脚步，听到了她们之间的对话。其中一个女孩希望她们扮成独角兽，而其他两个同伴想要扮成马。在这样的情况下，理想的结果应该是经过争论之后，大家达成了一致的看法。但事实并非如此，她们决定不一起玩了。

我自己小时候不曾发生过这样的事情。我们当时也会发生冲突和争执，但没有人会选择退出游戏，因为任何人都不能独断专行。但不幸的是，这就是今天的孩子们的成长方式。他们认为自己的需求应该被放在第一位，拒绝服从大多数人的意见。当这些孩子长大之后需要合作、妥协，在工作和生活中需要与人进行沟通和交流时会发生什么情况呢？

在全球化时代，学会交际、合作和沟通对孩子们而言至关重要。这些技能需要在学校和自由玩耍中进行开发和锻炼。为了让大脑学会这些技能，通过游戏来开发相应的创造力是非常重要的。但是很多父母为孩子们安排的匆忙而目的性很强的生活方式让孩子们失去了自由发挥的空间。缺乏自由玩耍机会的孩子，很可能在以后人生的挫折中缺乏复原力。社交软件无法取代掌握语言和交流的能力，也无法开发孩子们的创造性思维和辨别能力。

现在的孩子们几乎没有了“无聊”的概念，他们永远不需要找事情做或者等待，他们的耐心几乎是不存在的。看看周围，你就会明白我在说什么。试着让你的孩子等一段时间，看看他们的表现。当我还是个孩子的时候，如果我说自己很无聊，我的父母会告诉我去外面找点儿事做。他们不会跟我一起去，也不会告诉我该做些什么。如今，智能手机和平板电脑使孩子们不再无聊。有了它们，孩子们动动手指尖就会找到乐趣。结果，孩子们变成了久坐不动的人。他们十几岁就已经变得跟成年人一样了，腰痛、肩痛、颈痛、头痛……他们过早地就有了成年人才会有的健康问题。

对于所有人而言，“走出去，找点儿事做”的概念比十年、二十年前都重要得多。这是一件非常自然的事，每个人都能做到。当某事对你来说很自然时，你不用想太多，直接去做就好了。但是当它消失了的时候，你就会有所感觉，而这种感觉往往不是一种很好的体验。

体育活动和锻炼能够帮助你提高记忆力和运动技能，有助于集中注意力、提高学习效率，但是如今智能手机和平板电脑成了它们的替代品。现在，孩子们的房间里少不了智能手机、平板电脑或电视。他们每天把大多数时间都花在了屏幕前。是时候让他们到外面和其他孩子一起玩耍、从事各种运动了——爬树，在地上爬或跑，踢足球或者躺在草地上看星星、做白日梦……

现在有很多孩子抱怨头痛、腰痛、乏力，这还不是最糟糕的，肉体上的痛苦背后还可能隐藏着心理问题，它们往往是密切相关的。久坐的生活方式和糟糕的饮食习惯是导致抑郁和自卑的主要因素。如今，很多六七岁的孩子就会感到沮丧，一副病恹恹的模样。

科技的进步所带来的生活方式的变化的确是一部分原因。毫无疑问，我们都受到了现代科技的诱惑。然而，成年人应该清楚，自己能够为自己和孩子设定一个清晰的界限。要做到这一点，你必须学会说“不”，同时自己必须做一个好榜样。你不能告诉孩子，他们不能使用这些现代科技，同时自己的眼睛却一直盯着屏幕。你需要从自己做起：放下手机，积极锻炼身体。

请注意以下几点：

◆ 如果你一边吃饭一边看电视、平板电脑或智能手机，你会吃得比所需要的多，因为你的大脑很忙碌，没有精力注意到自己已经吃饱了。

◆ 屏幕阻碍了睡眠。我们很多人都将本该用于睡眠的时间用来看电视，电视节目真的很容易让人上瘾。

◆ 如果你在床上盯着屏幕查看电子邮件或者打游戏，屏幕发出的光会干扰身体的自然节律，很容易让你失眠。

◆ 屏幕占用了本属于体育运动的时间，而你的身体和头脑都需要运动来保持健康。

◆ 智能手机是你最好的朋友，同时也是你最大的敌人。请你严加看管。

◆ 造成许多孩子暴饮暴食的原因：

· 他们的父母给他们提供了太多的食物。

· 他们在睡前忙着和朋友聊天（睡觉时还在玩手机），从而睡眠不足。

此外，孩子们到了学校，脑子里还想着游戏如何通关而不是如何阅读或解数学题。他们盼望着赶紧放学，以便接着玩游戏。你发现问题了吗？

屏幕是宝贵的时间的窃贼。孩子们需要有玩耍和与其他孩子交往的时间。电脑游戏不能教人们如何与同龄人沟通，如何解决矛盾；不能帮助人们开发基本的社交能力，学习如何建立牢固的人际关系。这些都是成人世界中必不可少的社会技能。成年人作为孩子们的榜样，同时为了自己的健康，也需要控制在屏幕前的时间。这对孩子们来说至关重要，否则，他们将很难掌握在以后的人生中获得成功所需要的技能。

肥胖或者缺乏基本运动和社交能力从来不是孩子的错，这是父母或者抚养人的责任。但是我们总是刻意否认这一点，尤其是当孩子处于叛逆期时，我们总是批评和指责他们。如今，我们不应该加以掩饰，成年人必须承担起自己的责任，对孩子和自己以同样的方式严加约束。

作为一个负责任的成年人，你可以为你自己和你的孩子严格限制使用屏幕的时间。你只要给孩子们锻炼身体和参加自由活动的机会就可以了，这些是孩子们与生俱来的本能，是一件完全自然的事。总坐在屏幕前终归是不符合自然规律的。孩子们不需要花哨的玩具和设备来玩耍和锻炼想象力，当他们有时间自由地玩耍时，这些能力自然会得到开发。如果你把一根棍子交给一个六岁的孩子，他可以玩几个小时。木棍可以是他们头脑中的一切：一支长矛、一把勺子、一把铲子……他们的创造力会没有任何限制地自由发挥。然而，学校里有严格的规矩和必须完成的教学任务，这减少了孩子们玩耍的时间。我们的教育制度很严格，老师们必须完成每年的计划和目标，因为时间有限，课程是老师们的首要任务，自由活动和体力活动只能屈居其后。

在挪威，许多小学一年级的学生每周都有一天的时间在学校里参加户外活动自由玩耍，这非常好。但如果他们放学回家依然一直坐在屏幕前，这些运动量还是不够的。

正如前文所指，儿童天生喜欢体育运动。如果事实并非如此，那不是孩子们的错，这是可以进行调整的。改变孩子们对运动的消极态度是完全可能的。当你发现孩子们有机会参与自由玩耍时，他们身上将会发生变化，那是一种非常奇妙的感觉。这样的机会比任何药物都有效。

语言和社会交往技能对于学习至关重要。儿童的知识、观念、态度和价值观在与他人互动时得到开发，想要开发得很好，就需要持续不断地交流，而不是盯着屏幕。

关于孩子们是否应该花大量的时间待在学校的问题一直争论不休。但是还有别的选择吗？无论如何，待在学校总比让他们回家坐在屏幕前更有益处。下课之后，学校可以为孩子们提供与同龄人交往和玩耍的场所，有社交障碍和身体虚弱的孩子更应该参与其中。另外，让孩子们得到充足的休息也可以帮助他们提高专注度。

孩子们总是喜欢模仿成年人，他们就是通过这样的方式进行学习的。对于体育运动也是如此，不喜爱运动的父母，他们的孩子也会变得不爱运动。久坐的行为是从一代人传到下一代的。孩子们坐下来是因为他们累了，他们抱怨他们的腰、腿、肩膀疼。许多孩子不会游泳、跑步、跳跃……他们不是不愿学习，而是没有从父母那里学到。

记住，是你自己将懒惰的生活方式传递给了你的孩子。懒惰和屏幕前的时间将严重降低孩子的身心素质和生活质量。

02 / 年轻不再是健康的保单

当你年轻的时候，你或许从未想过死亡，疾病和死亡不是你考虑的主要问题。年轻就像是对抗生活中糟糕情况的保单，你的人生竞赛才刚刚开始，而这是一条漫长的路。

我还记得自己曾经有这样的感觉：太棒了，我很幸运，出生在一个好时代，疫苗的出现抵御了曾经夺去无数儿童生命的大部分疾病，科技还没有“劫持”大量儿童。我们爬树，自由玩耍。我们健康强壮，过着积极的生活。但现在，一切都变了。疫苗和医疗保健比以往任何时候都好，生活中其他积极的部分——运动和锻炼，却消失了。尽管我们在医疗保健方面取得了进展，但很多人比以往任何时候都更加脆弱。年轻再也不是我们可以指望的保单。

我记得几年前见过一个人，他叫克努特，来自一个热爱食物的家庭，他们一日三餐吃得很多。他没有吃太多糖果和零食，但是餐桌上大都是高脂肪、高热量的食物。他的母亲和父亲都是身材魁梧、超重的人。他喜欢体育运动，尤其喜欢足球和滑雪。当他进入青少年时期后，他虽然努力跟上队友和同伴，但没过多久便完全失去了自信，早些时候他从运动中所得到的快乐也渐渐消失。慢慢地，他开始放弃运动，先是滑雪，然后是足球。

当他停止运动后，体重迅速增加，变得和他父母一样重。克努特并不担心，因为他的家人就是这样，他这样也很正常。然而，克努特在二十多岁的时候已经体力不支，爬个楼梯都会喘不过气来，他还频繁去洗手间。克努特去看了医生，出乎意料地被告知患上了Ⅱ型糖尿病。他还不到三十岁，这怎么可能呢？医生告诉他，这完全归咎于久坐不动的生活方式和不健康的饮食习惯。

当克努特将这个消息告诉他的父母时，他才知道他的父母都患有Ⅱ型糖尿病——这在他们家很正常。克努特的医生推荐他去了一个专业的治疗机构。在那里，医生专注于改善患者的生活方式：简单的健康饮食和有益的锻炼。经过一段时间的治疗，克努特的情况改善了很多。他的症状减轻了，虽然体重仍然有些超标，但他精力充沛，每天吃的饮食主要是蔬菜、鱼和全谷物食物。最重要的是，他不再暴饮暴食了。

那么，我们从克努特的故事中得到了什么经验和教训呢？首先，年轻人也可能患上Ⅱ型糖尿病，它不只是老年人独有的疾病。其次，久坐的生活方式和不良的饮食习惯会给人带来很大的健康危害。幸运的是，这两点完全可以改善，只是生活中非常严格地控制饮食并坚持运动。

另外，儿童及青少年超重不是一种自然现象，在几十年前，这几乎闻所未闻。造成这种情况的原因有很多，首先是缺乏运动，而且儿童“居家运动”也不值得提倡；其次是饮食问题，不健康的食物是一大问题所在，而且人们食用大量的快餐和含糖饮料，往往还会过量进食。在充满各种美食诱惑的环境中，肥胖是必然的。不幸的是，孩子们常常继承父母的生活方式，他们不知道有更健康的生活方式。我们必须清楚的是，人类本身并没有改变，改变的是我们的生存环境。

很多人并不同意将人们肥胖的原因归咎于社会环境，因为总是有人告诫我们，每个人需要学会掌控自己的人生，但这并不完全正确。凯文·霍尔博士曾经在2018年撰写了《食物环境导致肥胖流行吗？》一文，指出容易获得食物以及经常饮用高糖饮料会导致肥胖。世界卫生组织也曾公布研究结果：粮食能源供应的增长足以解释人口平均体重的增长，这一现象在高收入国家中表现得尤为明显。

03 / 给自己和孩子玩耍的时间

让我们想象一下：一个女孩正在玩耍，她坐在地板上，手里拿着积木、汽车或者玩偶——它是什么都不重要。女孩正在说话，或者唱歌。透过她的眼睛，你会发现她正在另一个世界里神游。她完全沉浸在幻想的世界里，全神贯注于她想象出的景象。现在，想象一下这个女孩就是你。你也曾日复一日地像她这样坐在地板上玩自己最喜欢的玩具。你如今还能这样吗？你应该这样做吗？大人可以像孩子那样玩儿童游戏吗？

专门研究创造力和游戏的美国心理学家斯科特·考夫曼给出的答案是肯定的。考夫曼是宾夕法尼亚大学想象力研究所所长，也是成年人儿童游戏倡导者。

“儿童游戏是成人创造性思维的源泉，而创造性思维是21世纪事业成功的必要条件。当你长大以后也不应该停止玩游戏，因为人类的创造性思维能力在他们的一生中都可以持续发展。”代表乐高公司在比隆接受采访时，考夫曼对《贝林时报》记者说道。

乐高公司的前首席执行官乔根·维格·克努斯多普补充说：

“玩耍的价值一直被人们低估。我们都没有花足够的时间来玩耍，即使它在你生命中的重要性仅次于食物、水和爱。它对于你的成长和健康都非常重要。”

丹麦奥胡斯大学的讲师汉斯·亨里克·努普是一位心流积极心理学（flow and positive psychology）专家，多年来他一直在游戏、学习和创造力方面进行广泛的研究。他完全同意考夫曼和克努斯多普的观点。游戏的价值一直被人们低估，这可能对社会产生严重的负面影响，他还认为，“无人监管游戏是开发和维护所谓的软能力、个人能力和社会能力的最重要的活动。当你在玩耍时，你的主动性、责任感、激情、耐力、控制能力、界限感和独创性都会同时得到发展”。

不幸的是，无人监管游戏在儿童的世界中即将消失。2008年，美国心理学家戴维·艾尔金德通过大量的研究揭示出：现在的儿童玩耍的时间比以往任何时候都少。2000年出生的儿童比1980年出生的儿童每周参加无人监管游戏的时间少8小时。8小时！差别竟然如此巨大。

“我们玩耍的时间太少，很可能会让我们失去许多重要的东西。多年来，无论是对于儿童还是成年人，我们都将用于游戏的时间视为一种浪费。现在是时候重新认识这个问题了。因为它对于我们幸福和健康的生活是必不可少的。”戴维·艾尔金德在发表他的研究结果时写道。艾尔金德指责电视和平板电脑盗窃了孩子们的时间，但他也认为父母都外出工作也是这个问题产生的原因之一。他认为，过去母亲们待在家里看管孩子们玩耍是自由玩耍的理想状态。如今，父母都外出工作，孩子们更多的时间都在专人的照看下进行有组织的活动，这阻碍了自由和发挥创造力的游戏。

“在过去的60年里，孩子们自由玩耍的时间和空间明显减少。同时，儿童的心理问题急剧增加。这并不一定意味着两件事有直接的联系，但孩子们缺乏自由玩耍确实可能导致他们产生心理障碍。”努普说道。

所有哺乳动物在儿童时期都会玩耍。关于动物的研究表明，缺乏自由玩耍的动物在情感和社交能力上有所欠缺，这些动物在以后的生活中会遇到各种各样的问题。人类有着漫长的童年，这个问题就显得尤为严重。

根据考夫曼的说法，孩子们参与自由游戏的时间越来越少。他们大多数时间待在学校，主要的任务是背诵书本上的内容而不是发挥想象力和创造力。这对我们的孩子是一种极大的伤害。他们需要通过自由玩耍来开发大脑，以便更好地进行阅读、写作和解数学题。自由玩耍对于孩子们探索内在的自我也是必不可少的。在自由玩耍中，他们的情感是自由的。通过角色扮演，孩子们探索自身的恐惧和焦虑，并学会处理复杂的感情，这对孩子的成长至关重要，缺失了这个过程，他们将难以应付今后充满挑战性的生活。

今天，许多父母限制了孩子们自由的、无人监管玩耍的时间，阻碍了他们的发展。父母的参与阻碍了孩子们进入理想的幻想世界——对他们来说最具吸引力的地方。父母偶尔参与孩子的游戏没有什么问题，但重要的是，必须让孩子们来决定游戏规则。儿童的微观世界是一个神圣的地方，应该充分地尊重并且谨慎地进入。

作为一个成年人，只要能够耐心地观察孩子们玩耍，你就会有许多发现，因为他们在玩耍的过程中能展示出他们擅长的和不擅长的领域。他们如何玩耍是他们内在思想的一扇窗户，而孩子们的思想对于成年人来说通常是很难到达的地方。这个窗口也将揭示他们的未来，揭示他们擅长什么、对什么感兴趣。它还展示出孩子们如何对待自己的生活，例如，对工具表现出极大兴趣的孩子今后可以当工程师或科学家，喜欢画画和经常玩过家家的孩子可以追求更有创造性和以人为本的事业。

美国人对于21世纪所需要的技能究竟是什么一直争论不休。你必须了解在未来的工作中需要什么样的技能以及你必须具备什么技能，这些技能包括创造能力、沟通与合作能力，同时还必须具备灵活性、主动性、创造力和领导力。所有这些技能都是在自由玩耍中发展出来的。

美国每年都会颁发一个奖项：麦克阿瑟天才奖。该奖项授予在他们的工作领域具有巨大潜力的人，这些人都是非常聪明的人。如果你仔细了解获奖者，你会发现一个非常有趣的现象：这些人在孩童时代就对自己的未来有了一个清晰的规划，而这些都是在幻想和游戏中描绘出来的。

并非只有孩子才能做到这些，当你长大后，你并不会丧失幻想和玩耍的能力。你可以使用这两个伟大的工具来让自己变得更聪明、更有创造力。真正聪明的人一生都在玩游戏，他们玩电脑游戏、角色扮演，把他们的办公室当作游戏乐园。

克努斯多普强调，乐高不仅仅是为儿童制造的玩具，而是为全人类。他指出，对于乐高而言，没有年龄的限制，只有当你不再玩它的时候，你才会变老。如果你想过上快乐的退休生活，那就玩吧。把世界当作一个游乐园，把生活当作一次发现之旅。自由玩耍让你头脑敏锐、神采奕奕。

努普说自由玩耍是一种生命的舞蹈，可以持续一生。它是探索自己存在的方式，可以帮助自己寻找内心渴望的东西，发掘更多潜在的可能性。这就是为什么对于孩子们来说丧失了自由玩耍的机会非常可悲，对于成年人而言同样如此。如果你不再玩耍，你将会损失很多，甚至可能失去自我。

我们应该对自由玩耍有新的认识。如果没有了竞争，参加体育运动会变得更容易接受，也会感觉更加安全。让玩耍变得更加自然，让我们学会体验它的乐趣，它会让我们的生活变得更加美好，也会让我们保持健康。

04 / 所谓的正确坐姿

其实并没有所谓的正确坐姿。我知道有人曾告诉过你，有所谓的正确的坐姿，但这种说法并不对。现在，把那些说法统统忘记。你必须不间断地改变你的姿势，不要一直坐着不动，站起来活动活动，或者跳一跳，或者跟朋友或同事来一组瑜伽动作。

你是否见过有人用充气球作为办公椅？你可能听说这很好，因为坐这样的“椅子”，你必须使用腹肌。不，这种说法是错误的。这样的坐姿很不舒服，长此以往，它会引起腰部和臀部的疼痛，千万不要这样做。

当你坐着的时候，哪怕是微小的动作都可能导致腰部疲劳。因此，舒适和符合人体工程学的椅子才是办公室里最好的选择，但这也不是不需要运动的借口。

当你坐着的时候有规律地休息，起身活动，对血糖和胰岛素分泌很有好处。如果你每小时休息一次，你的总体健康状况会显著改善。

孩子专注于某项特定任务的时间很有限，为3 ~ 5分钟。成年人最多可以持续20分钟。稍事休息之后，他们可以重新专注于同样的任务。最好的休息方式就是体育活动，运动会让人的大脑得到恢复。人的大脑就像一个永不停歇的马达，经过长时间运转，它会疲劳，需要时常进行运动来使其恢复到最好的状态。

当你必须坐着的时候，经常休息对你的健康大有好处，可以让你的大脑得到充分的休息。在这之后，你会感觉更容易集中注意力。

2003年，研究人员对两组学生坐着的习惯进行了研究。第一组孩子在学校里97%的时间都坐在课桌前学习；另一组孩子的情况则大不相同：他们57%的时间坐着，31%的时间站着，10%的时间走路。你可能会觉得这两组学生的学习效率会有很大的差异，但事实并不是这样，两组学生学到了几乎同样的东西。为什么会这样呢？第二组虽然只有57%的时间在学习，但充分的休息和转移注意力可以提高学习效率。每小时做5分钟的体育锻炼可以使你的学习成绩和学习效率提高5%。

也许你觉得自己很聪明，想要将工作和运动结合起来；或许你想要买一台跑步机，工作的时候可以走路。这主意听起来不错，但是如果你同时执行几项任务（例如：一边阅读，一边散步），你的注意力会被分散，效率也会随之降低。你应该一次只专注于一件事，每小时休息一次，做一些运动，这会有助于你保持良好的状态。

每年都有无数人被懒惰的生活方式和不健康的饮食习惯影响健康。对于许多人而言，这两个因素是相辅相成的。当你一直坐着，你总是忍不住想吃垃圾食品，尤其是在看电视的时候。这就是我们所说的“无意识进食”，这对健康非常不好。然而，它的影响却远不止如此。

当然，你的工作内容决定了你是否需要一直坐着不动。如果你的工作需要你整天坐着，那就更需要经常休息以避免由此带来的不良影响。光站起来是不够的，你还需要稍微做一些运动，尤其是可以让身体在三个维度都得到活动的运动。

CHAPTER 08

第九章

你必须知道的事实

01 / 你可能轻忽了久坐的危害

1981 ~ 1993年，17013名18 ~ 90岁的受访者参加了加拿大健身调查。该调查显示：日常活动量的多少与寿命的长短息息相关。这项研究的结果表明：每天坐得越久，由心血管疾病引发的死亡风险就越大。

近年来，随着经济、营养水平和医疗体系的改善，中国居民人均预期寿命从1940年的35岁提高到2019年的77.3岁。然而工业化和城市化进程却给人们的生活方式带来了诸多不利影响，如吸烟、饮食不均衡以及运动缺乏等，从而增加了癌症、心血管疾病和糖尿病等慢性病的发病率。中国最主要的五大致死原因分别是高血压、吸烟、饮食不均衡、高胆固醇和缺乏运动。

久坐不动的生活方式几乎和吸烟一样致命，是什么让你一坐就几个小时，不起来活动呢？最有可能的是看电视、使用平板电脑或智能手机。电视连续剧和电脑游戏将你黏在沙发上，使你目不转睛地盯着屏幕。我们必须意识到这一点，才能摆脱沙发，开始运动。看电视本身无可厚非，但如果将所有的业余时间都消耗在这上面，缺乏运动，那就是在拿健康和生命做赌注。

隐藏在电视、平板电脑和智能手机背后的一个问题是，当你在使用它们的时候，时间不知不觉就溜走了。在你发觉之前，你可能已经躺着或者坐了三四个小时，到了该就寝的时间。你原本可以利用这些时间做些有益身心的事情，你却将时间消耗在一些毫无意义的事情上。社交媒体和大多数电视节目就像糖果一样，你渴望它，但它们非但对你没有任何好处，还会对你产生非常糟糕的影响，甚至让你上瘾。

随着越来越多的人认识到久坐有害健康，应该尽量避免连续数小时坐着不动，很多人开始想出各种各样的解决办法，设计出许多有针对性的产品。许多企业开始试图说服你购买其产品。比如有一种能够上下伸缩的桌子，可以让你在坐着和站着时都能使用。他们告诉你站姿比坐姿有益健康，因为站立会燃烧更多的卡路里。但这是真的吗？这么做能帮助你更积极地锻炼身体吗？事实并非如此。不论是一直坐着还是一直站着，都是在保持一种静止状态。你真正需要做的是适当地改变一下这种状态，四处走动走动，没有最好的姿势，下一个才是最好的姿势。你不可能买到特殊的椅子或桌子帮助你抵消久坐带来的负面影响。

有些读者可能会说市场上有这样的设备：你可以一边走路一边工作；或者买一台跑步机放在办公室里，你就可以在办公桌后面散步。但这不是一个可行的解决方案，因为这会分散你的注意力，进而影响工作效率，还会带来额外的开销。每小时休息一会儿，四处走动，不需要任何额外的花费。它不仅免费，而且对你的健康有奇效，还有助于你更加专注、出色地完成工作。

越来越多的体力活动都被证明对身体健康和精神健康有着积极的影响。适当的体力活动还可以提高工作效率，降低因病缺勤率。丹麦健康科学学院的科学家迪克斯·贾斯特逊在一年中对南丹麦大学的387名办公室志愿者进行了跟踪调查，以研究体力活动对人体的影响。193名成员被分配到训练组中，剩下的194人则加入对照组。训练组的成员要求每周接受1小时的高强度训练。此外，还鼓励他们每周有六天进行30分钟的适度活动。两组在试验前后都进行了健康检查。除此之外，所有的参与者都填写了一份调查问卷，以调查其工作表现、工作效率和健康状况。结果表明，训练组成员的短期病假率下降了29%。与对照组相比，他们的工作能力提高了6%，工作效率提高了4%，总体健康水平提高了9%。

02 / 节食对健康有害无益

如果你想并且需要减肥，不要把所有的希望都寄托于节食这种方式。从长远来看，它是无效的。

没错儿，节食的确可以帮助你控制身体里的脂肪含量。如果你能够严格按照计划进行，它确实可以让你达到目标。但是需要坚持多久呢？坚持一段时间以后，你终于减掉了5 ~ 10千克。然而节食的过程真的很痛苦，会明显降低你的生活质量。更糟糕的是，很多人的节食计划都会无疾而终。所以过不了几个月，体重就又恢复原样了，然后再开始下一轮节食计划。这是一个永无止境的过程，并且已经形成了一个数万亿美元的行业，经营者具备非常强大的营销手段。

有许多节食的方式会影响你的健康，甚至逐渐夺去你的生命。我不认为你会尝试它们，但我仍然想在这里跟大家分享其中的一些方式。我相信你一定也会感觉非常可笑。

1. 空气疗法（The Air Diet）

顾名思义，就是用空气来减肥。具体来说，就是呼吸无污染的空气，刺激血液循环并排出淋巴系统中的毒素，从而加快新陈代谢。这种方法也被称为“呼吸疗法”（Breatharianism）。如果你长期使用这样的方法，于健康无益。

2. 空腹节食法（Fasting）

通俗地讲，空腹节食法就是挨饿。这当然不是一个好主意，因为空腹时你的基础代谢率会随之降低。当你再次开始正常饮食时，短时间内就会重新恢复之前的体重，而且还会变得更重。

3. 注射疗法（Injection Therapy）

你恐针吗？对我来说，这就足够让我放弃了。这种方法是将食物换成含有液体、维生素和矿物质的注射液，通过静脉注射为身体提供营养物质。

4. 净化法（Purification Rundown）

这种方法建议你疯狂摄入维生素和各种蔬菜水果汁，而不再食用其它东西。据说这样做将净化人的身体和心灵，但很可能导致肝损伤和溃疡。

5. 柠檬水节食法（Lemon Water Diet）

将鲜榨柠檬、棕榈糖浆、辣椒粉、泻药和水放在一起喝，它会让你奇迹般地在十天内减重 10 千克。效果确实非常具有吸引力，问题是你付出的代价是同时失去肌肉和体内的水分。

好吧，我想这就够了。当然，还有很多类似的方法，但你应该已经知道了节食减肥法的大致方式。向你推荐这些方法的人总是会告诉你，某人因为采用这些方法成功地减去了大量的体重。但从长远来看，这是行不通的，你可能很快实现了减重，但同时也可能生病，失去健康。

人很容易受到蛊惑，所以对于节食减肥千万不要信以为真，它们就像伊甸园里的蛇。如果你想过一种更健康、更轻松的生活，那么请你忘记节食，积极地去改变自己的生活方式。

我经常遇到一些终其一生都在节食的人。莉莲就是其中之一，她四十多岁，多年来一直是我的会员，她特别喜欢周末的集体训练和滑雪。莉莲有一份在办公室里的工作，大多数时间坐在电脑前。

多年来，尽管她一直去健身房或者滑雪，她的体重却增加了很多。我见到她时，她非常沮丧。不论她做了多少努力，减肥计划都没能成功，好不容易减掉的体重，几个月后就又回来了。莉莲尝试过多种不同的节食方法，但结果都一样，她感觉这些方法都很难坚持。

莉莲独居，大部分时间都自己做饭吃，这影响了她准备食物的心情。晚上，她独自坐在自己的公寓里看电视，电视耗尽了她的精力。超重使散步都变得困难，即使她每周都去健身房，她也不觉得自己的身体状况有所改观。

我从研究莉莲的饮食结构入手，发现了问题所在：即使她经常锻炼，但她摄入的能量还是大于消耗的。如果人体摄入的能量超过所消耗的能量，那么即使饮食再健康，再怎么锻炼身体，时间长了还是会长胖。

莉莲的问题之一是她的午餐。她每天吃一顿丰盛的正餐，晚上还要再吃一顿晚餐。另外，她也不太喜欢喝水，爱喝无糖饮料。她还爱在周末吃些薯片和巧克力。

我建议她中午不要再吃丰盛的正餐，而是用简单的沙拉代替。然后建议她多喝水，少喝饮料，周末也应少吃薯片和巧克力。这些小小的改变产生了巨大的变化。

在3个月里，莉莲减掉了15千克，这让她精力更加充沛。她每天晚上走很多路，这让她感觉很好。莉莲最重要的变化是，她没觉得自己必须像节食期间那样放弃自己所钟爱的食物。她仍然喜欢这些食物，只是减少了摄入量。

我们可以从莉莲的经历中了解到：改变生活方式，并不需要非常坚定的毅力去完成困难的事情。事实上，这很简单，而且效果很好：精力更加充沛，睡眠质量更好，心情愉快，生活也更加有趣。

03 / 关注你身上最强壮的肌肉——心脏

心脏无疑是人的身体中工作最努力的器官，你应该对它多加关注。如果你精心呵护某样东西，通常很容易延长它的寿命。这符合一般规律，但对心脏却不适用。人的心脏每天大约跳动十万次，促使大量的血液在身体中循环。

心脏内强健的肌肉与身体其他部位的肌肉完全不同。但它也像其他部位的肌肉一样，需要锻炼来保持健康。因此，你不应该让它太过清闲。恰恰相反，心脏需要每周做几次大负荷的锻炼。只有那种让你呼吸加重、大量出汗的运动才能让它变得更加强壮。

迷走神经负责对心律进行调节。如果没有迷走神经的调节，心脏每分钟将跳动大约100次。当我们休息时，迷走神经作为心脏的制动装置，每分钟只让心脏平均跳动60 ~ 80次。吸气时心率增加，呼气时心率下降。吸气时脉搏在75次/每分钟，而呼气时脉搏减慢到65次/每分钟。这叫作心率变异性（HRV），它是迷走神经的功能之一。如果心率变异性降低，迷走神经对心脏的信号就会随之减弱，心率不能很好地跟随呼吸进行调节；反之，吸气和呼气之间的HRV越大，迷走神经的功能就越强。

科学研究表明，正确的呼吸节奏能够有效地促进迷走神经的功能（大多数人每分钟呼吸5 ~ 6次）。研究还表明，即使呼吸速率相同（每分钟呼吸6次），吸气和呼气各5秒钟的呼吸节奏对迷走神经的影响比吸气3秒钟、呼气7秒钟的节奏更好。

试着做以下的动作：以舒服的姿势躺下，鼻腔保持呼吸。你可以将一只手放于胸部，另一只手放于腹部，感受你的腹部和胸部吸气时抬起的幅度。计算你的呼吸频率，试着保持吸气5秒钟，呼气5秒钟或6秒钟。你可以设定一个计时器来帮助你计时。建议你每天坚持10分钟这样的呼吸练习。当感到压力过大或者准备上床睡觉的时候，你就可以试着这样做。如果你太忙了，实在没有时间进行10分钟的呼吸练习，可以减少到每天3分钟。

大多数人，尤其是上了一些岁数的人，开始注意他们的全身健康时，总是特别关注心脏。人们通常在四五十岁的时候会这样，因为这个年龄会让人感到不再年轻，身体开始走下坡路。突然之间，人们会特别关注胆固醇、血压和甘油三酯在血液中的含量。心率变异性是另一个需要关注的指标，因为它能够让人更好地了解心脏的健康状况。

心率变异性较强意味着当你改变运动状态时，心率能够快速进行调节。对你的心脏来说，能够快速“换挡”（调节心率）非常重要。

心率变异性是衡量心血管系统效率和性能的一个重要的指标。如果它较高，说明心脏的运动性能就像跑车一样卓越；如果较低，那身体就像一辆老式的大众甲壳虫一样。有研究表明，心率变异性高可以延长寿命，降低患心脏病、糖尿病和中风的风险。

心率变异性还能衡量抗压能力的强弱。心率变异性越高，抗压能力越强；反之越弱。

随着年龄的增长，心率变异性会降低。这是很自然的，时间对我们所有人都有影响。但值得注意的是，心率变异性降低可能是心脏病的前兆。一颗健康的心脏一直在调节它的跳动节奏，无论你在做什么，它都会适应。但是不健康的心脏就会或多或少地失去心率调节的能力，不管你是处于放松状态，还是感到紧张，抑或是在跑步时，它都不能很好地适应你的状态。

有趣的是，我们可以利用心率变异性来掌握训练节奏。经过高强度的锻炼，你的心率会降低，这是正常的。当心率恢复正常时，就意味着你已经准备好可以重新投入锻炼了。通常人们并不容易知道何时应该再去健身房，但心率变异指数可以回答这个问题。当你锻炼身体的时候，你“分解”了你的身体；休息时，你的身体又重新“组合”起来，变得更强壮了一点儿。这就是你变得更强壮、更有耐力的原因，这是你的身体适应挑战的结果。

很多人都对锻炼存在一种误解，他们认为训练得越多越好，他们每天去健身房，有时甚至一天去两次。其实不然，这样反而容易因为过度训练而受伤。休息和锻炼一样重要，那是身体在为下一次锻炼做准备，你的心率变异性可以告诉你什么时候继续锻炼才是安全的。

但是，如果你没有运动手表，也不打算买一只的话，就很难随时监控心率变异性。不过，还有另一种方法来检测心脏的健康状况，就是当你休息时，尤其是睡觉的时候，心率会降到最低值。可以说，休息时的心率是一个很好的衡量人整体健康水平的指标。

婴儿健康的静息心率是每分钟130 ~ 150次，儿童是每分钟90 ~ 100次，对成人来说，则是每分钟50 ~ 80次。请注意，如果你经常锻炼并且身体很好，休息时的心率可能低于50次/分钟，这是正常现象，我的静息心率就只有41次/分钟。

你既可以使用运动手表来测量你的静息心率，也可以采用下面的方法来测量：

- 仰卧，保持身体处于放松状态。测量的最佳时间是在早上起床之前。
- 将两个手指轻轻压在手腕上或颈动脉处。
- 用秒表计时 15 秒。
- 最后将结果乘以 4，就得到了你的静息心率。

如果你的心率超过前面列出的标准值，请不要惊慌。很多事情都会影响人的静息心率并使它升高，例如精神紧张、训练没有得到及时恢复、药物影响或睡眠不足等等。因此，测量结果偏高并不一定意味着你的身体出了问题，但如果测量值持续偏高，那就要及时就医了。

为了避免过度训练，除了关注静息心率之外，运动之后的最大心率也是一个非常重要的指标。请通过以下方法进行测量：

- 在跑步机上以合适的速度行走 5 分钟。
- 按照与静息心率相同的方法测量此时的心率。
- 每次训练结束时都要记录下心率。

如果你的心率增长超过 10 ~ 15 次/分钟，说明你的身体需要稍事休息。与此同时，你必须时刻注意身体发出的信号。如果你的心率超过正常值，身体也感到疼痛，意味着你此刻必须减缓运动强度和节奏。

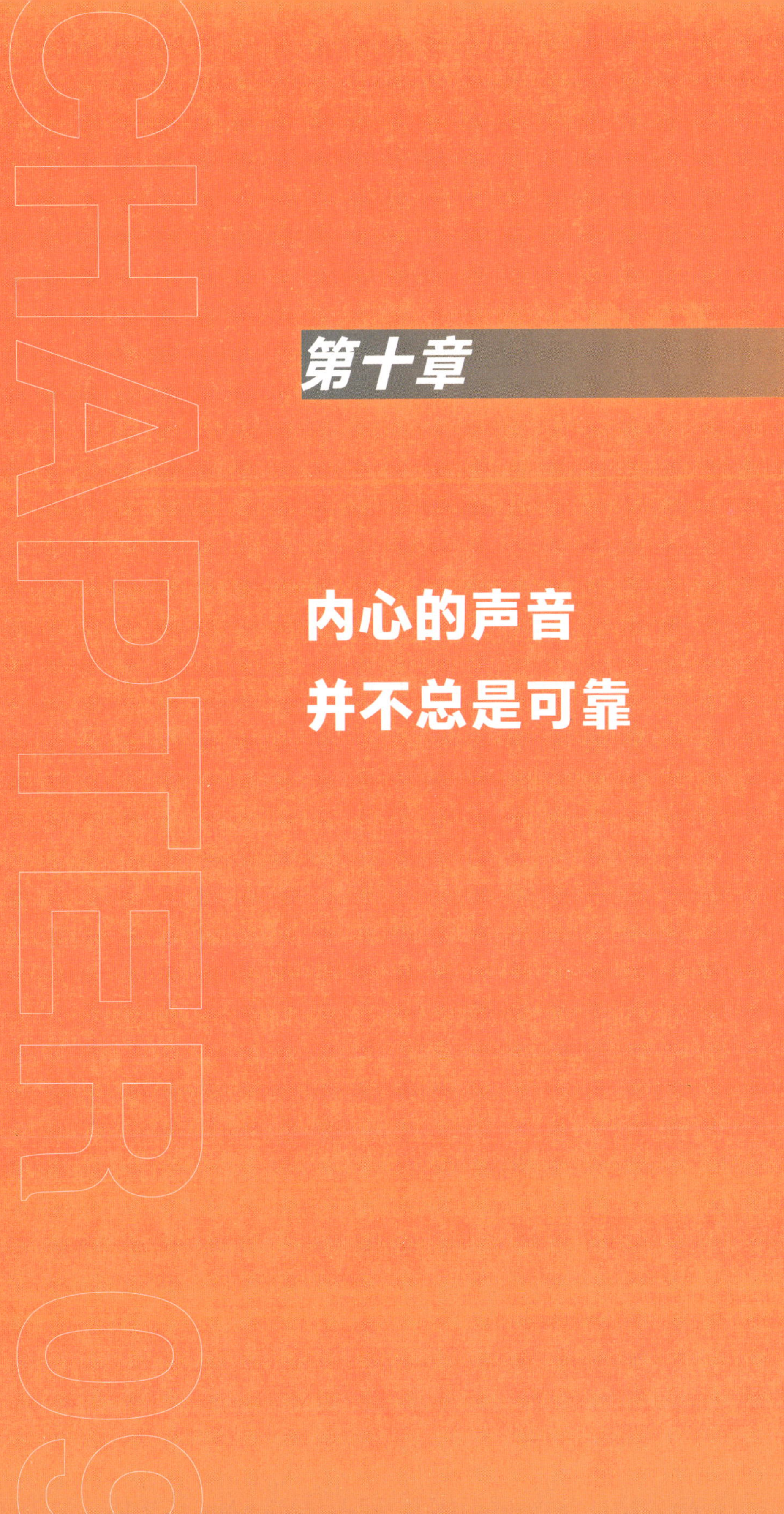

第十章

内心的声音并不总是可靠

01 / 你内心的声音值得信赖吗

你的意志和内心的声音是如同钻石般坚硬，还是像一团柔软的棉花糖呢？你真的信任它吗？它是你最真实的想法吗？它是否很容易受到蛊惑呢？它是一个声音，还是两个相互矛盾的声音呢？我们是否应该相信自己无所不能呢？

当我们需要做出一个决定时，往往要经过一番内心的辩论和挣扎。大脑不仅会根据你看到的、听到的、闻到的、感觉到的信息做出判断，还会根据你过去的经历和经验做出权衡和推测，而这些过去的经历和经验往往会对决策产生很大的影响。

比如说，当你的朋友或家人建议你去跑步时，你要判断这是不是个好主意。在你做出决定之前，你脑子里会进行一番辩论，其中最重要的依据就是你过去的经验。也许你上一次跑步（可能是十年前）带给你不太好的感觉，或者是膝盖很痛，或者是缺氧窒息的痛苦感觉。虽然这已经是很久以前的事了，但这件事仍然很有说服力，让你有足够的理由拒绝跑步。但你的大脑真的值得信赖吗？也许是因为你上次运动过量，或者没有做好热身，才导致了那次糟糕的体验。而大部分人不会考虑这些，他们只相信自己的经验。

你可以将此称为经验、直觉或智慧，但不幸的是，你内心的声音为你讲述的故事可能并不真实，并且大部分是虚构的，或者事实和虚构是交织在一起的。你真的不能太过信任它。对此你会做何感想呢？不相信自己内心的声音会让你感到困惑吗？难道坚信真实的自我有什么不对吗？很抱歉地告诉你，这的确是错误的。人们常常妄想，因此我们总是做出错误的决定。

你内心的声音告诉你的故事会对你的整个身体产生影响，加强你对某件事的感觉。你讨厌跑步吗？慢跑也会让你感觉很糟糕吗？为什么会这样？跑步对于人类来说是很自然的事，为什么你这么讨厌它呢？可能是曾经痛苦的经历加上你在电视上或者从某处听说的一些事，使得一个内心的声音向你讲述了一个强有力的故事。这个故事对你影响深远，以致除非命悬一线，否则你绝不轻易跑步。跑步只是一个例子，对于其他的运动也一样。

我记得有一年的夏天，我下决心骑自行车进行锻炼。由于我在前一年夏天脖子受了伤，所以我认为骑自行车对我而言是最好的运动。几周后，我的脖子和手臂又出现了伤痛，我以为自己的颈椎又一次受伤了。看过医生之后，我发现自己的颈椎没问题，但肌肉确有拉伤。以致多年后的今天，我仍然讨厌骑自行车。我内心的声音为我讲述着一个如此强大的故事，让我尽可能避免骑自行车。

“认知图式”是你的大脑工作方式的一个例证。正如你所看到的，有许多因素会影响你的思维。你的行为以及与周围环境的互动是一回事，但是你对事物的感觉以及你收到的身体信号也很重要。如前所述，你的思维正是如此。

你的“认知图式”具有强大的力量，但它有好坏两方面的影响。

你应该对你内心的声音进行谨慎的判断，让它为你讲述更多对身体有积极影响的故事，而不是只听那些引导你远离运动的故事。很快，你内心讲述的故事就会有所改变。它会告诉你运动是一件好事，让你感觉更有活力。

也许这有点儿难以理解，不要担心，请记住：可能有些事会影响你对跑步、跳跃等运动的想法和感受，但并不是所有的事情都是真的。如果你愿意，你可以改变它。

不久前，我的一位好朋友建议我重新开始柔道训练。很久之前，我进行过柔道训练，但五年前我停掉了训练。我不记得确切的原因，也许是因为工作，但这并不重要，重要的是，当他提出这个建议时我的感受。我当时的感觉是虽然我不知道不想训练的确切原因，但的确感觉很差，觉得自己不适合练柔道。

接下来，我开始给自己讲述一些消极的故事。让我吃惊的是，这让我觉得自己已经跟柔道无缘了，那都是过去的事了。

很快，我意识到了为什么我会这样做：因为我很久没有训练过了，我知道重新恢复训练需要时间，而且刚开始时有点儿疼。我的大脑和身体需要一段时间才能适应它，我不得不离开我的舒适区，准备挨揍。这让我感觉自己像个业余爱好者。这就是我自己的感受，它让我不愿接受这个建议。

幸运的是，我的朋友非常耐心，他设法说服我重新开始训练，而我完全没有后悔。训练很有趣，我真的很需要它。我和多年前的朋友重聚，这为我带来了许多欢乐。

02 / 如何制订运动目标并坚持到底

当你下定决心开始锻炼的时候，设定一个目标很重要。或许你想减肥，为自己制订了“卧推100千克”或“20分钟跑5千米”的训练计划。但你知道如何才能达到你的锻炼目标吗？这是可以实现的吗？你的计划是否制订得过高，且没有足够的手段保证达到目标呢？

自然界中哪些基因是通过世代传承的呢？比如你生活在几千年前，靠着终日打猎和搜集食物为生。如果你很久没喝过水，非常口渴，这时你发现在前面几百米的地方有一条河，你所要做的就是穿越没有任何植被的开放区域。但是有一群狮子，它们可能会发现你，而且它们可能很饿。你该怎么做呢？

你内在的声音可能会告诉你：穿过开阔地，去喝水。毕竟你很口渴，需要水。你内心的声音大声地为你讲述了一个乐观的故事：你比狮子聪明，赶快去喝水。于是，你经过重重困难喝到了水。但是，如果你内在声音讲述了另一个不太乐观的故事呢？

也许你听说过有人在类似的情况下没有这样做，这影响了你的内心故事。记住，不仅是你个人的经历会影响你内心的声音，你听过的故事也会对你产生影响。你内在的声音告诉你：留下来，别过去。

自然选择总会让我们做出正确的决定，这样人才能生存下去并将基因传递给后代。然而，你又如何做出选择呢？怎样才能避免被愚弄呢？

你可以坚持一些原则。比如，为训练确定一个可以衡量的而且能够实现的目标。如果你确定的目标是“我想跑得更快”，那还不够，因为它不能测量。如果你只是依赖于自己的记忆，你内心的声音会告诉你：现在已经比之前跑得快多了，你已经达到了目标。你就会被脑子里的声音所愚弄。

这个内心声音不会在乎你的呼吸是否沉重，你是不是太累了。你跑完5千米是花了20分钟还是30分钟有什么关系吗？相反，你需要一个可以衡量的目标，因为你内心的声音争不过计时器。因此，你制订的目标不应该是“跑得快一点儿”，而是“20分钟内跑完5千米”。此外，你还必须考虑这个目标是否能实现。你能跑得那么快吗？如果可以，你需要多久才能实现这个目标？另外，你的目标必须具有挑战性，否则，你会失去兴趣。但目标也不应过高，避免因为达不到一个不切实际的目标，而感到失望和不必要的压力。

你不可能一天就达到目标，所以你应该既有大目标也有小目标。小目标可能是一两个星期就可以实现的，而大目标可能需要一年到一年半的时间才能够实现。将大目标分解为一些小目标，并且每当自己成功地实现了小目标，都要将它当成一次巨大的胜利。

大目标是建立在小目标之上的，就像要建造房子（大目标），需要一块砖（小目标）一块砖地累积。但是请记住，你必须将大目标记录下来，并且经常拿出来看看，提醒自己，这非常重要。同时，你还应该在成功的道路上记录下你的每一个小小的成就。

你不必独自去实现你的目标。将目标与家人、朋友或私人教练一起分享，你会更有动力。但重要的是，他们必须是你信任和尊重的，而且你不愿意让他们失望。你要让他们分享你的每一个想法、成就和失望。对自己和你所信任的人要诚实，如果你不诚实，最后被骗的人只有你自己。

接下来，是对每一个训练计划不断地进行评估，并做出调整，否则你可能由于使用了错误的方法，进行了大量错误的工作，最后得到失败的结果。

如果你对目标以及如何实现这些目标缺乏经验，你应该只考虑一个目标。不要以为你能同时实现你所梦想的一切，这是不现实的，你最终将没有动力去实现其中任何一个。选择一个目标并确保你能够成功，然后再接着实施下一个。第一个目标应该是对你来说最重要的。一次实现一个目标，让周围的人给你支持，并鼓励你坚持下去。

你可能每天过着有规律的生活，不用去想，只要去做就行了，像一架自动驾驶仪一样。慢慢地，你的日常活动变成了一种习惯，就像你平时刷牙一样，你会习惯性地在闲暇时间里坚持锻炼，它会成为你生活的一部分，用不着特意安排。只有遇到一些特殊情况，你的日常锻炼计划才会被打乱。

养成日常锻炼的习惯，可以帮助你安排出最利于坚持锻炼的固定时间，它将会深入你的头脑和身体中。

举一个卡斯珀的例子。卡斯珀从事IT（互联网技术）工作，大部分的工作时间都坐在电脑前。他的工作没有体力劳动，纯粹是脑力活动，他是用大脑在举重，而不是肌肉。在很长一段时间内他都感到疲倦，他所有的精力都放在了工作中，空闲时间里，除了躺在沙发上，他不想做任何事情。

由于缺乏运动，尽管他每天晚上都很早睡觉，但早上醒来时还是感到很乏力。卡斯珀是个聪明人，他意识到不能再这样下去了，必须做出调整。但他不知道该怎么做，因为他一直以为只要休息好了问题就可以解决。这是本能告诉他的。

如果累了，多休息不就行了吗？！但这是错误的。卡斯珀的直觉是错误的，这不是他所迫切需要的。但他完全没有任何动力去健身房锻炼，他之前尝试过，却总被弄得筋疲力尽。他上一次开始锻炼（跑步）时，腰和腿就感觉很痛。锻炼对他没任何好处。

卡斯珀跟朋友们商量，从他们那里得到了一些很好的建议。他做的第一件事就是不再开车，而是骑自行车去上班。他的上下班路程只有3千米，完全可以骑自行车。接下来，他用爬楼梯代替坐电梯。另外，他每天站起来两到三次，每次半小时。只要一步一步地来，坚持锻炼不难做到。

卡斯珀的第一个目标是把这些步骤变成习惯，这样它们就成了他每天都在做的事情。第一周，他骑自行车上下班一天，爬楼梯一次，每天站起来一次。在接下来的四周里，他每一周都比前一周多骑了一天自行车，多爬了一次楼梯，每天多站起来一次。五周后，卡斯珀已经非常习惯地做这些事情了。

卡斯珀发现，他非但没有因此感到更累，恰恰相反，他精力充沛、积极进取，在工作中表现得更加出色。五周后，卡斯珀意识到他早期的直觉是错误的，正是懒惰的生活方式耗尽了他的精力。他之所以感到疲劳，是因为没有使用他的身体而非缺乏休息。

正如本书中所指出的：运动是最好的良药。运动可以预防疾病，让你感觉更好，给你更多的自信心，让你延年益寿；它还能帮助你更好地享受晚年时光，增加你的幸福感和认知能力；它也可以帮助你提高抗压能力，增加身体的活力。简而言之，运动可以让你成为一个更好、更快乐的自己。

我的另一个客户米迦勒来向我寻求帮助。他在工作和生活中受挫，挫折感常常让他表现出愤怒、悲伤的情绪，也让他对生活提不起兴趣。每天下班后，他都筋疲力尽，唯一想做的事就是待在沙发上看电视。他想要有所改变，却无从下手。他试了好几次，但都有始无终，没过多久，他就又回到沙发上看电视去了。

米迦勒办了一张健身房的会员卡，打算每周去锻炼3次，就像他年轻时那样。但是，他没有成功。他的第一个目标过于雄心勃勃，以致很快就失去了动力。他向我求助，我建议他的第一个目标是每天上班前陪儿子去上学。这是一个简单的目标，但它很有用。他花了更多的时间和家人在一起，感觉好多了，而且每天散步也给他带来更多的能量。

米迦勒的问题是，当他试图改变自己的生活方式时，为自己制订了一个太高的目标。这是一个常见的错误，他需要从小目标做起。米迦勒想要达到这样的目标并没有什么错，但他需要将大目标划分为一个个小目标，然后逐一去实现它们。第一个目标就应该像米迦勒每天陪儿子上学那样，从每天步行15分钟开始。只要坚持，实现这样一个目标就可以帮助自己延年益寿。

没时间或者不方便去健身房是一个很糟糕的借口。你只需要在客厅里每天坚持10分钟的锻炼，就会对你保持体重大有好处。你可以下蹲、靠墙俯卧撑、跳上跳下，或者做弓步，等等。这并不复杂，完全不需要去健身房或使用任何设备也会出汗，让自己感觉很好，而且最重要的是，你不需要每次都完成所有的运动。

下面为大家列举了11个简单有效的小练习。

练习1：开合跳

开合跳的动作要领是分开双脚跳，同时打开两只手臂，并在头顶上方击掌。然后合并双脚跳，同时放下两只手臂置于身体两侧。持续30秒。

❶

❷

练习2：静态深蹲

打开双脚与髋同宽，屈膝，臀部向后向下，膝盖呈90度角并保持这个姿势。持续30秒。

练习 3： 俯卧撑

俯卧位，双手与肩同宽，撑于肩膀下方的地面上。胸部发力，用双手慢慢地将躯干推离地面。持续30秒。

练习 4： 卷腹

躺在地板上，弯曲膝盖，双脚掌踩在地板上，双臂交叉放于胸前。收缩腹肌，将肩膀抬离地面。持续30秒。

练习5：双腿交替前弓步跳

先将右脚（或左脚）向前踩在椅子上，前脚掌发力蹬椅子，利用惯性交替双脚位置，左脚（或右脚）向前踩在椅子上。反复交替双脚位置，持续30秒。

练习6：深蹲

打开双脚与肩同宽，弯曲膝盖，臀部发力向后向下蹲，直到臀部低于膝盖。然后臀部发力向前顶，同时起身回到起始位置。注意整个过程中膝盖不要超伸，并保持胸部朝上。持续30秒。

练习7：凳上臂屈伸

将板凳或椅子放在身体背后，椅背紧靠身体。双手伸展与肩同宽，向后抓住椅背。双腿向前伸展，腰部弯曲，使双腿与躯干成90度角。以此作为初始位置。弯曲肘部放低身体，直到大小臂夹角略小于90度。然后，三头肌发力将躯干推回到初始位置。持续30秒。

练习8：平板支撑，臀部上下移动

先将双肘撑于肩膀正下方，然后依次放下肘部，保持上臂平行。再依次用手掌将上身推起，并让臀部随着身体的起落上下移动。持续30秒。

练习9：高抬腿

打开双脚，与髋同宽。交替抬起双腿膝盖，尽量将膝盖抬至胸部高度。加快节奏，持续30秒。

练习10：交替前弓步

右腿或左腿交替向前跨步，慢慢降低身体，前腿膝盖弯曲至少90度，后腿膝盖接近地面，注意保持身体直立。交替双腿，持续30秒。

练习 11：腿部支架式髋关节上下移动

侧卧，上臂平放在地板上，手肘位于肩膀正下方，伸展双腿，慢慢地上下移动臀部。交替双腿。持续30秒。

尾 声

崭新的世界

对于你自己的身体，你必须明白它是独一无二的，没有谁的身体跟你一模一样，你的身体状况直接反映了你的锻炼情况。在我看来，大多数健身中心面临的问题之一，就是他们总是喜欢没有区别地看待所有人。

很多健身中心都很善于想出吸引人的名词和概念，但最终还是“换汤不换药”。他们的训练方法千篇一律，看似适合所有的人，其实不然，这就是为什么你需要具备专业的知识和技能。认真阅读本书，可以帮助你在锻炼的过程中避免损伤身体。

由于我们今天的生活方式不需要太多的体力运动，因此功能训练很有必要。我们平常过多地依赖汽车、电梯、送货服务、遥控器等，不再需要去跋山涉水或步行几千米获取食物或传递信息。这对人类来说是一件好事，但对我们的健康却没有任何好处。严重缺乏锻炼会极大地降低生活质量，长此以往，甚至会剥夺我们的健康。

肥胖和缺乏运动是当今人类面临的巨大威胁之一，而且很难依靠个人的力量加以解决，这是我们所有人都必须面对和解决的问题。这不是少数人能为其他人做的，比如消除核威胁或研制一种预防危险疾病的疫苗，我们所有人都必须面对它并采取措施。解决这个问题的唯一方法，就是大家齐心协力。所幸的是，想要改变并不困难，将本书中学到的东西运用到日常生活中，将会成为一个良好的开端。

如果将这个过程视作一次探险，你需要寻求的是要采取什么措施才能保持健康和强壮的体魄，过一种充实的生活，不会因为烦恼而心烦意乱、辗转难眠，也不会常常感到心力交瘁。相信你一定会成为一名卓越的探险家。

我知道本书有很多信息有些艰涩难懂，但请不要灰心，从头开始做这些事并不需要事先精通书中罗列的一切，你只需要根据自己的情况做出一些改变就好，这些小小的改变能一步步引导你回归健康之路。

我们都很清楚，在现代生活中的很多领域，机器已经承担了所有的工作，人类已不再使用大自然赋予我们的身体。但遵循本书提供的简单的步骤，你完全可以创造一个更加美好的世界：

1. 不要坐得太久

站起来走动走动，挥动手臂，在办公室里多做不同的运动。运动是最好的良药，确保你每天都在进行。

2. 每天都进行一些让自己出汗和加重呼吸的运动

运动的形式并不重要，重要的是去做，比如快走、跑步、爬楼梯或骑自行车。

3. 不要总是重复同样的动作

你可以走、跑、骑自行车、游泳、登山、举起重物、用一条腿站立、跳跃等。尽可能让你的身体按照自然的方式运动。

4. 食物是为我们提供能量的必需品，而不是获得快乐的源泉

不要因为无聊或感到沮丧而吃东西，多为身体补充优质蛋白，维生素和适量碳水化合物，照顾好我们的身体。

5. 反复阅读本书

反复阅读本书，直到你为自己找到最适合的锻炼方式为止。

最后，祝你从运动中得到快乐！毕竟这才是生活。